JAMES HILLMAN

DIE SUCHE NACH INNEN

Des Weisen Herz ist zu seiner Rechten; aber des Narren Herz ist zu seiner Linken.

Prediger 10, 2

… der werde ein Narr in dieser Welt, dass er möge weise sein.

1. Korinther 3,18

James Hillman

Die Suche nach innen

Psychologie und Religion

DAIMON
VERLAG

Aus dem Englischen übersetzt von Marianne von Eckardt-Jaffé

Die Originalausgabe erschien unter dem Titel
Insearch, Psychology and Religion
bei Hodder and Stoughton, London
Neuausgabe bei Spring Publications, Dallas

5. Auflage der Originalausgabe
von Ernst Klett Verlag, Stuttgart, 1969

ISBN 978-3-85630-759-2

Umschlagbild: Elena Hinshaw-Fischli

INHALT

Vorwort zur 2. Auflage in deutscher Sprache

Fünfzehn Jahre sind seit der ersten Herausgabe dieses Buches in London vergangen und ein weiteres Dutzend seit seiner deutschen Übersetzung. Ziemlich vieles hat sich inzwischen in der Welt und in mir selbst verändert, doch dieses Buch braucht nicht überholt zu werden, um sich der jetzigen Zeit und meinen heutigen Gedanken anzupassen. Die Idee, dass Bücher „auf den aktuellen Stand" gebracht werden müssen, ist eigenartig. Hätte wohl ein Rembrandt oder ein Matisse eines seiner Gemälde 15 Jahre später aus einem solchen Grunde übermalt? Ein Dostojevski seinen „Idiot" umformuliert? Um Missverständnissen vorzubeugen: ich beabsichtige keineswegs, mein Buch, welches eindeutig zeitgemäßen Charakter hat, mit Kunst gleichzusetzen – kein Vergleich. Ich meine jedoch, dass auch eine aktuellere Arbeit zu einem bestimmten Thema keiner Auffrischung bedarf, um zeitgemäß zu sein.

Ideen sind kaum Maschinen, die zwangsläufig überholt werden müssen. Ideen, welche Kernfragen der Seele widerspiegeln, leiden ebenso wenig an Überalterung wie die Seele selbst. Sprache wandelt sich, Erkenntnisse verlieren ihre revelatorische Wirkung, eine bestimmte Frische mag verloren gehen, doch die Fragen, die hier angerührt werden – der moralische Charakter des Schattens, die Innerlichkeit des Weiblichen, die Bedeutung der Liebe, der religiöse Sinn der Psychotherapie, die Beratung als eine innige, vertrauliche und doch unpersönliche Beziehungsform – diese Fragen ziehen noch immer ihre Kreise in der Psyche und werden es vielleicht für immer tun.

Das zentrale Anliegen dieses Buches, das ihm auch seinen

Namen gegeben hat, ist die nach innen gerichtete Suche entlang einer vertikalen Achse, eine „Innenforschung“ anstelle einer Erforschung von äußerem, historischem und horizontalem Geschehen.

Obschon es in den letzten 15 Jahren vielerlei Arten von Suchen gegeben hat mit Gurus, Zen und Meditation, Bewusstseinserweiterung und Narzissmus, frage ich mich, ob diese entlang den Wegen der hier diskutierten vertikalen Achse geführt haben.

Diese Wege wurden erstmals von C. G. Jung als Schatten und Anima bezeichnet. Sie treten in unser Leben ein wie „Personen“, die uns nach innen und nach unten in eine Erfahrungsweltführen, die von der Psychotherapie das Unbewusste genannt wird, in der religiösen Tradition aber seit jeher SEELE bedeutet. So bestehe auch ich in den folgenden Seiten auf einer Lebendigerhaltung der Seele in einem religiösen Sinn, um sie nicht völlig einer rationalen, säkularisierten und akademischen Psychologie preiszugeben, aus der selbst das Wort “Seele“ verbannt wurde.

Die Wiederentdeckung der Seele, die wir haben, die wir sind, der eigentliche Sinn und das Ziel der „Innenforschung“, hängt von einer Neubelebung dieser „Personen“ ab, im speziellen der Anima. Aus diesem Grund begrüße ich die erneute Erscheinung dieses Buches und bin dankbar, dass die Herausgeber sie ermöglichen.

James Hillman
Dallas, im Juni 1981

Vorbemerkung

Dieses kleine Buch geht auf verschiedene Ausgangspunkte zurück. Im Verlauf der letzten Jahre bin ich durch meine analytische Arbeit und durch geistliche Freunde verschiedener Glaubensrichtungen auf Probleme der Religion und der Psychologie gestoßen und habe mich mehr und mehr mit ihnen beschäftigt. Der Kern dieser Kapitel besteht aus Vorlesungen, die ich auf eine Einladung hin vor Geistlichen gehalten habe, die sich für Analytische Psychologie und seelsorgerische Beratung interessierten. Da die neue Theologie und die neue Moral, wie sie sich durch die Debatte über Bischof John A. T. Robinson's Buch „Gott ist anders"[1] entwickelten, Widerhall in der Psychologie gefunden haben, müssen Fragen gestellt werden. Auch müssen wir den Auswirkungen einer Theologie, die zu einer Theo-Thanatologie oder zu einer Erforschung des „toten Gottes" geworden ist, und die entmythologisiert, entgegentreten, da die Analytische Psychologie gerade die entgegengesetzte Auswirkung zu haben pflegt. Sie bewegt sich auf „re-mythologisierende" Erfahrungen mit religiösen Auswirkungen zu, wie das die folgenden Seiten belegen möchten. Überragende emotionale Ideen, wie die Vorstellung und das Bild Gottes, können wohl aus dem psychischen Leben verschwinden, können „absterben", aber nicht für lange Zeit. Die an diese komplexen Ideen und Gefühle gebundene Energie verschwindet nicht einfach, so sehr der Mensch sich vielleicht auch von der bedrängenden Vorstellung Gottes befreien möchte, indem er

---

1. Titel der englischen Originalausgabe ist *Honest to God* (SCM Paperback). Die deutsche Ausgabe erschien bei Christian Kaiser, München (13. Auflage).

theologische Nachrufe schreibt. Für die Psychologie handelt es sich nicht darum, dass „Gott tot ist", sondern in welcher Form diese unzerstörbare Energie jetzt in der Seele wiedererscheint. Was kann uns die Seele über die Richtung sagen, die die Religion nun vielleicht einschlägt? In welchen Bildern wird die zentrale emotionale Idee Gottes wiedergeboren werden?

Mein Hauptbestreben aber war, das Gefühl der analytischen Erfahrung in ihrer Bedeutung für die Beratung zu vermitteln. Die Beratung hängt ebenso sehr von der Psychologie des Beratenden wie von seiner Theologie ab, und zu seiner Psychologie könnte die Analyse unter Umständen ihren Beitrag leisten. Mein Versuch, etwas beizusteuern, fällt vielleicht nicht in die üblichen Formen der professionellen psychologischen Ratschläge, denn ich bin zu der Überzeugung gelangt, dass die seelsorgerische Arbeit, statt sich um ärztliche Perfektion zu bemühen, weiter und tiefer gehen und mehr Menschen erreichen könnte, wenn sie sich innerhalb ihrer eigenen, lebendigen Tradition fortentwickelte. Das führt geradewegs zu dem psychologischen Problem der Wiederanknüpfung an diese Tradition. Obgleich ein psychologisches Problem, ist es zugleich für jeden von uns – besonders aber für den Geistlichen – ein religiöses Problem: die Suche nach der Seele und der Glaube an ihre Realität, was bedeutet, eine lebendige Beziehung zu der eigenen seelischen Wirklichkeit zu finden.

In der Art, wie die seelsorgerischen Berater sich der Psychologie zugewandt haben, sind sie teilweise auf den falschen Weg geraten. Das Wort „klinisch" ist beinahe schon zum Numinosum geworden, der Besuch des Pfarrers wird zur „Visite", Gemeindemitglieder sind „Patienten"; anstelle der seelischen Fürsorge tritt die psychodynamische Kur. Die tiefe Not des Einzelnen aber bleibt bestehen. Obgleich sein Bedürfnis weniger nach „seelischer Hygiene" geht als nach Leitung der Seele, wendet er sich für das, was er von seinem Seelsorger bekommen könnte, doch an seinen Analytiker, so dass Geistlicher und Analytiker jeder die Aufgabe des anderen zu übernehmen scheinen. Der Pfarrer wagt nicht mehr, sein Vorbild des

Seelenhirten zu erfüllen, weil er sich als Amateur empfindet, der nicht über „genug Psychologie" verfügt. Aber er hat ja seine eigene Seele, aus der seine Berufung und seine Einsicht in andere stammen. Ist nicht der psychologische „Amateur", der richtig als der zu bezeichnen wäre, der liebend die Seele kultiviert, überhaupt der wahre psychologische Spezialist? Ihm werden die klinische Psychopathologie und ihre Forschungsprogramme weniger leisten als die Suche in seinem eigenen Inneren.

So wie die folgenden Kapitel nun dastehen, wenden sie sich nicht mehr nur an den Geistlichen, denn die lebendige Erfahrung der psychischen Realität ist nur *eine* Art, die Seele zu beschreiben, und das innere Leben der Psyche ist nicht nur eine Angelegenheit für den Fachmann. Der Berater, der durch sein seelsorgerisches Amt für Seelen verantwortlich ist, stößt täglich auf die Schwierigkeiten dieser Aufgabe, und so wenden sich diese Seiten in erster Linie an ihn. Aber das Buch kann ebenso wenig nur auf ihn beschränkt werden, wie Religion und Psychologie nur für Fach-Theologen und -Psychologen vorhanden sein können.

Die allmähliche Ersetzung des Wortes „Seele" durch „Psyche" in unserem Jahrhundert und der sich daraus entwickelnde Anspruch des „Fachmanns" im Umgang mit ihren Nöten, beginnen ebenso viel Schaden anzurichten, wie im letzten Jahrhundert die Unwissenheit und das Moralisieren in seelischen Dingen. So wenig die „Psyche" die Seele ersetzen kann, so wenig ist die fachliche Ausbildung ein Ersatz für die Berufung. So würde es mich freuen, wenn diese Seiten dazu beitragen könnten, uns von der Überschätzung des Fachmanns in Dingen der Seele zu befreien und die Fürsorge für sie dem geistlichen Berater und jedem Einzelnen zurückzugeben, der Laie ist im Sinne von „offen", und der sich entlang den Grenzen der zeitgenössischen „Suche nach innen" bewegt.

J. H.
September 1967

I.

Menschliche Begegnungen und die innere Beziehung

In einer menschlichen Welt zu leben, bedeutet in einer Welt menschlicher Wesen zu leben, und was beschäftigt uns in gewisser Weise mehr als eben Menschen? Von Anfang an tauchen wir innerhalb eines Gewebes menschlicher Beziehungen ins Bewusstsein auf, Beziehungen, die uns bis zum Tode unaufhörlich beschäftigen. Es ist ja nicht nur so, dass der Mensch ein soziales Wesen ist, sondern dass seine Natur als menschliche Natur ein Leben des Gefühls und der Begegnung mit anderen umschließt. Die Arbeit, die Kunst, Natur und Geist können uns eine Weile mit sich reißen, aber bald sind wir wieder tief im „wirklichen Leben" befangen – und das wirkliche Leben bedeutet einfach das menschliche Sein, unseres und das anderer Menschen. In diesen Begegnungen mit uns selbst und mit anderen versagen wir und versagen die anderen uns gegenüber. Im Verlaufe der Zeit bedeutet die immer wachsende Tragödie des Lebensablaufs teilweise das, was Gott, was das Schicksal und die Umstände uns gebracht haben, aber mehr noch bedeutet sie, was in der Beziehung mit anderen Menschen geschieht. Hier fühlen wir uns selbst verantwortlich. Wir glauben, dass die Dinge anders verlaufen könnten – hätten wir uns nur besser bedacht, wären wir bewusster gewesen, hätten wir mehr Psychologie verstanden.

Wenn die menschlichen Begegnungen destruktiv und unerträglich werden, wird der Analytiker oder der Berater konsultiert. Unsere Arbeit scheint dort zu beginnen, wo Schatten zwischen die Menschen fallen. Man erwartet von uns, dass wir Spezialisten der menschlichen Probleme seien. Aber menschliche Probleme sind nicht etwas, was Menschen haben, sondern was Menschen sind. Das Problem in der Psychologie ist das Individuum selbst, geradeso, wie ich mein eigenes Problem bin. Bei unserer Arbeit ist der Patient selbst die Krankheit, so dass die Heilung nie darin bestehen kann, die Krankheit los zu werden, sondern immer in der Sorge um den Menschen bestehen muss, dem wir begegnen.

Die psychologische Arbeit beginnt mit der menschlichen Begegnung. Alles, was wir wissen und gelesen haben, unsere Gaben an Intelligenz und Charakter, alles was wir durch Ausbildung und Erfahrung erworben haben, leitet zu diesem Augenblick hin. Wo die Begegnung versagt, fällt alles flach: zwei Menschen in zwei Stühlen, die reden und sich bemühen, aber keinen Konnex herstellen können. Wenn unsere ganze Arbeit wirklich hier anhebt, sollten wir zuerst den Versuch machen, etwas Licht in das dunkle Gebiet zwischen zwei Menschen zu bringen, vor allen Dingen Licht in jene Schatten, die die Beratung verhindern. Kommunikation, Dialog, zwischenmenschliche Beziehungen sind modische Schlagworte. Es gibt genug Theorien: das Wuchern und die Eskalation der akademischen Problemstellungen sind zum Tagesübel geworden. Wir wollen uns lieber den Schatten der Beratung in der tatsächlichen Begegnung zuwenden. Es handelt sich dabei weniger um etwas, das zwischen Menschen eintritt, als um etwas, das innerhalb jedes Menschen geschieht. Wenn also bei unserer Arbeit irgend eine Besserung erzielt werden soll, sind wir verpflichtet, in uns selbst hineinzublicken. Die Psychologie kann nicht umhin, innerhalb des Psychologen ihren Anfang zu nehmen.

Analytiker, Berater, Sozialarbeiter sind alle dazu da, Probleme zu lösen und Schwierigkeiten aus der Welt zu schaffen. Wir suchen schon nach Schwierigkeiten, bevor die betreffende Person noch eingetreten ist und Platz genommen hat: „Was ist los?“ „Was ist nicht in Ordnung?“ Die Zusammenkunft beginnt nicht nur mit den Projektionen des Hilfesuchenden, sondern mit den geschulten und organisierten Absichten des berufsmäßigen Helfers. In der Analyse würden wir sagen, dass die Gegenübertragung da ist, ehe die Übertragung beginnt. Meine Erwartungen warten mit mir auf das Klopfen an der Tür.

Tatsächlich ist die Gegenübertragung von Anfang an vorhanden, da ein unbewusster Ruf in mir mich drängt, diese Arbeit zu tun. Vielleicht habe ich bei meiner Arbeit das Bedürfnis, das verletzte Kind zu trösten, so dass jeder, der zu mir kommt und um Hilfe bittet, meine eigene verletzte Kindheit ist, deren Wunden durch gütige Elternsorge verbunden werden sollten. Oder das Umgekehrte: ich bin noch immer der wundervolle Sohn, der seinen Vater oder seine Mutter von den Irrwegen ihrer nächtlichen Wälder zurückgeleitet, der ihnen Licht und Erneuerung bringt. Dieser gleiche Eltern-Kind-Archetypus kann uns zum Beispiel auch bei dem Bedürfnis beeinflussen, Eltern zu korrigieren und selbst zu strafen, ja, das Bedürfnis kann so weit gehen, die ganze ältere Generation mit ihren Idealen und Werten zu korrigieren und zu bestrafen.

Meine Bedürfnisse sind ständig wirksam. Ich könnte diese Arbeit nicht leisten, hätte ich nicht das Bedürfnis, sie zu vollbringen. Aber meine Bedürfnisse sind nicht nur die meinen: in einer tieferen Schicht gehören sie zu einer Situation, die sie reflektieren, von der sie sprechen und die ebenso mit den Bedürfnissen des anderen übereinstimmt. Ebenso wie der Mensch, der zu mir kommt, meiner Hilfe bedarf, bedarf ich seiner, um meine Fähigkeit zu helfen zum Ausdruck zu bringen. Der Helfer und der Bedürftige, der Sozialhelfer und der soziale Fall, der Verlorene und der Gefundene gehören immer zusammen.

Nun sind wir aber dazu erzogen worden, unsere Bedürftigkeit abzuleugnen. Der Idealmensch des westlichen Protestantismus beweist sein „starkes Ich“ in der Unabhängigkeit. Bedürftig sein heißt, abhängig sein, schwach sein; Bedürfen bedeutet

Unterwerfung unter einen anderen. Wir müssen die Diskussion darüber, was diese Haltung für die schwächere und weiblichere Seite der Person bedeutet, dem letzten Kapitel vorbehalten. Hier aber ist es notwendig festzustellen, dass Bedürfnisse und Berufungen sich kaum unterscheiden. Die Berufung wird im allgemeinen als von außerhalb der Persönlichkeit kommend erlebt, während das Bedürfnis „mein" zu sein scheint, aus dem Inneren stammt. Sich einer Berufung zu verweigern, ist tatsächlich gefährlich, denn es bedeutete die Verleugnung des eignen Wesenskerns, der überpersönlich ist.

Aber ist nicht die Verleugnung eines Bedürfnisses ebenso gefährlich? Bedürfnisse sind nicht nur persönlich. Sie haben auch eine objektive Ebene, so dass zum Beispiel das Bedürfnis, das ich empfinde, mit einem Menschen zusammen zu sein, nicht nur mein persönliches Bedürfnis ist, sondern auch die objektive Forderung der Beziehung zwischen uns, die Stimme, die verlangt, dass diese Beziehung lebendig erhalten werde. Bedürfnisse machen uns menschlich; wenn wir nicht einer den anderen nötig hätten, wenn wir unsere eigenen Bedürfnisse erfüllen und befriedigen könnten, gäbe es keine menschliche Gesellschaft. Obwohl ich meinen eigenen Bedürfnissen nicht gerecht werden kann, könnte ich es vielleicht den Deinigen. Obgleich ich mich selbst nicht verstehen kann, kann ich helfen, Dich zu verstehen, so wie Du mir helfen kannst. Diese Wechselseitigkeit ist ein Teil des Bedürfens und Gebens in der Liebe.

Bedürfnisse sind an sich nicht schädlich, aber wenn sie verleugnet werden, vermehren sie die Schatten, die die Beratung bedrohen und wirken aus dem Hintergrund als Forderungen. Ein Berater kann das Bedürfnis haben, zu lehren und zu erziehen, mitzuteilen was er weiß, weil das einen wesentlichen Teil seines Selbst erfüllt, weil es seine spezifische Berufung zur Tat erweckt. Aber er kann nicht verlangen, dass jeder bei jedem Besuch nur um der Belehrung willen kommt. Sein Bedürfnis zu lehren muss unter Umständen andere Erfüllungsmöglichkeiten finden, damit es nicht zu einer unbewussten Forderung an jeden Menschen wird, der ihn aufsucht. Gebe ich mein Bedürfnis nach analytischer Arbeit zu, dann fordere ich wahrscheinlich weniger von meinen Besuchern. Da sich die Forderungen steigern, wenn Bedürfnisse nicht eingestanden werden, wird die Anerkennung meiner subjektiven Bedürfnisse als Tatsache meiner Menschlichkeit und abhängigen Kreatürlichkeit dazu beitragen, den Verfall eben dieser Bedürfnisse in Forderungen an die objektive Welt nach realer Erfüllung zu verhindern. Forderungen nämlich verlangen Erfüllung, Bedürfnisse brauchen nur die Möglichkeit des Ausdrucks. Neben dem Bedürfnis nach Schwierigkeiten und Leiden stellt das Bedürfnis nach Intimität eine weitere wichtige Berufung zu dieser Art von Arbeit dar. Nicht jeder hat eine Neigung zu nahen persönlichen, enthüllenden Gesprächen. Bin ich mir dieses Bedürfnisses nach Intimität nicht bewusst, und pflege ich es nicht innerhalb der anderen Zusammenhänge meines Lebens, dann kann es sich in eine Forderung an den anderen verwandeln, sogar in eine Forderung an mich selbst, so dass ich übermäßig enthüllend und übermäßig persönlich in Bezug auf mich selber werde und damit die therapeutische Stunde zu einer gegenseitigen Beichte mache.

Die beherrschenden Figuren unserer Kultur können unsere Arbeit beeinflussen, so dass jeder von uns, der sich mit Lehren und Heilen befasst, ob innerhalb oder außerhalb der Kirche, ob christlich oder nicht, mit Aspekten des archetypischen Christusbildes identifiziert werden kann. Diese Identifizierung kann sich zum Beispiel bei denen zeigen, die besonders gerne mit Asozialen arbeiten, mit den schwierigsten Verbrechern aus den Slums, den bedrängten Aussätzigen der Gesellschaft. Aber sie zeigt sich auch bei denen, die eine Mission erfüllen, die gegen Materialismus und Korruption kämpfen, den Anti-Pharisäern, Reformern, den leidenden Dienern, betrogenen Märtyrern, den Predigern der Liebe, kurz, bei fast jedem, der in unserer Arbeit tätig und mit seinem jugendlichen Geist identifiziert ist, denn das Bild Christi ist das vollkommene Beispiel des göttlichen Jünglings.

Aber andere Bilder und Aspekte meiner Seele können meine Arbeit beeinträchtigen: das Bedürfnis nach Ruhm und Macht, so dass ich dazu neige, nur die wichtigsten Leute in der Gemeinde zu sehen, und das werde, was man früher einen „Gesellschaftsarzt" nannte; oder das Bedürfnis nach wissenschaftlicher Fragestellung, so dass ich von dem Fall fasziniert bin, den Träumen und Symptomen und darüber die Person vergesse, die doch der Fall, die Träume und die Symptome ist.

Der andere Mensch in der therapeutischen Begegnung kann jedem dieser Bedürfnisse dienen. Seine Therapie beginnt daher mit meiner Therapie, mit meinem Bewusstwerden der verschiedenen archetypischen Bilder, die durch mich zum Ausdruck kommen und den anderen in eine Rolle zwingen, für die er vielleicht nicht bestimmt war. Denn wenn ich ein Vater bin, muss er ein Kind werden, bin ich ein Heiler, dann muss er krank sein, und bin ich erleuchtet, dann muss er in Finsternis und Irrtum leben. Diese Bilder sind Teile des Aufbaus, sind der szenische Hintergrund, in dem, wie auf der Bühne, der andere auftritt. Selbstverständlich handelt es sich hier um keine offene Situation, noch kann sie offen im Sinne eines Vakuums, des Fehlens aller archetypischen Einflüsse sein. Meine Bedürfnisse und mein Arbeitsstil können nicht mit Hilfe unechter Offenheit und durch unpersönliche Distanz abfiltriert werden. Je unbewusster ich meiner persönlichen Bedürfnisse bin und wie sie die Kräfte, die durch mich hindurchspielen, filtern, desto direkter und unpersönlicher treten die archetypischen Aspekte auf. Die Beratung gerät dann plötzlich in untermenschliche Tiefen, und die Forderungen werden auf beiden Seiten unmenschlich. Niemand kann die Seele unter Kontrolle halten und diese Kräfte ausschließen, aber man kann von vornherein etwas von ihnen wissen und sich auf der menschlichen Linie halten, indem man von Anfang an die Bedürfnisse der eigenen persönlichen Gleichung zulässt. Das kann zu Zeiten bedeuten, dass man dem anderen diese Bedürfnisse eingesteht, was dazu hilft, sich menschlicher zu verhalten.

Neben den Einflüssen, die in erster Linie aus dem

Hintergrund, aus der unbewussten Szene, dem unbewussten Aufbau herstammen, gibt es noch einen Einfluss, der direkt durch das Bewusstsein wirkt. Ich möchte aus dieser Zusammenkunft etwas machen; ich möchte helfen, tun was ich kann, möchte erfahren, möchte versuchen zu verstehen. Ich will, dass der andere, so gut er irgend kann, sich eröffnet; ich will ihm etwas geben. Aber Wollen, Veranlassen, Tun, Versuchen und Geben sind alles eindringlich aktive Haltungen. Das Bewusstsein, so wie es im Ich als ein Instrument des Willens zentriert ist, ist eine höchst aktive Kraft. Das Ich-Bewusstsein möchte seinen Bereich ausdehnen. Es strebt danach, alle freifließende Libido, die nicht durch die Regeln seiner Vernunft gebunden ist, unter seine Oberherrschaft zu bringen. Auf Grund seines Ausdehnungsstrebens und seiner Gier, das Irrationale zu unterjochen und zu beherrschen, wurde es sehr treffend als Löwe, als die Sonne oder als König dargestellt. Der Akt des Bewusstseins an sich ist, wie die Phänomenologen das nennen, ein intentionaler Akt. Wir organisieren das vor uns liegende Feld, strukturieren es, verleihen Bedeutungen. Wir beabsichtigen etwas. Selbst in unseren besten und edelsten Momenten wollen wir irgend etwas zustande bringen, wollen die Stunde nutzen, den Tag nicht verschwenden. Wir wollen irgendwo hingelangen – zum Fortschritt, zur Klarheit, zur Gesundheit oder zu Gott, gleichgültig, welchen Weg wir einschlagen. Aber gerade dieses Erreichenwollen bildet die erste paradoxe Blockierung der Arbeit. Sobald wir versuchen, verhindern wir. Die Zen-Parabel vom Bogenschießen sagt: je mehr man zielt, desto ferner vom Ziel. Es ist, als müsste der erste Schritt in der Begegnung die Überwindung meines Ich-Bewusstseins sein, eine Verdunklung der Sonne, selbst wenn ich eben wegen dieser Sonne aufgesucht wurde.

Eine Lösung, die die Intentionalität des Bewusstseins aufrecht erhält, aber auf seinen aktiven Drang verzichtet, ist als die Kunst des Zuhörens bezeichnet worden. Vielleicht ist diese Kunst, zusammen mit der des Gespräches, in Verfall geraten. Wahrscheinlich hängt das Gespräch als Kunst in erster Linie von der Kunst des Zuhörens ab. Wie soll man zuhören? Auf was soll man hören? Wann soll man nicht zuhören? Auf sich selber hören, während man dem anderen zuhört. Hören, aber nicht zuhören. Nur sprechen, wenn der andere zuhört.

Vielleicht ist das Zuhören für Theologen und Geistliche ein geringeres Problem, da es der Meditation und dem Gebet verwandt ist. Das Gebet ist als aktives Schweigen bezeichnet worden, in dem man zutiefst auf die ruhige, leise Stimme horcht, als wäre das Gebet nicht ein Bitten und Durchdringen zu Gott, sondern könnte so sich fassen und beruhigen, dass Er zu mir durchdringen kann.

Lange bevor es die Psychologie und die psychologische Beratung im modernen Sinn gab, bevor wir belehrt wurden „mit dem dritten Ohr zu hören", gab es ein kontemplatives Zuhören, ein passives Bewusstwerden dessen, was vor einem ist. Der Naturwissenschaftler oder der Maler widmet sich dem ihm vorliegenden Objekt. Er gibt sich ihm hin und lässt es in sich eintreten. Er lauscht, während er seine gezielte Subjektivität im Objekt verliert, selbst zum Objekt unter Objekten wird, ohne die gewollte Absicht des Ich-Bewusstseins, objektiv aufzeichnend, was vor sich geht. Um das Wesen des Zuhörens zu erfühlen, müssen wir zwischen dem Ich und dem Bewusstsein unterscheiden. Solange das Ich mit der Bewusstheit identifiziert wird, solange all das Licht der Seele zusammengefasst und auf ein Ziel gerichtet ist, wird es von jedem, dem es sich zuwendet, als eine aktive, vielleicht sogar aggressive Kraft empfunden werden. Er wird folglich sein eigenes Licht einschalten. Die beiden Lichter werden einander anpeilen, Helligkeit gegen Helligkeit, ein Blenden der Kräfte setzt ein. Diese Art von Zusammentreffen ist bekannt genug. Aber das Ich lässt sich vom Bewusstsein trennen, so wie Auge und Hand andere Organe sind als das Ohr, wobei jedes seine eigene Funktion hat und seinen eigenen Beitrag zum Bewusstsein liefert. Das Ohr wählt unter dem Gebotenen aus. Ein rezeptives Bewusstsein kann mit Hilfe des Gehörorgans wachsen, geradeso wie ein aktives Bewusstsein sich durch die Hand entwickelt. Das Ohr kann nichts erreichen, kann nichts machen, kann keinen Schaden anrichten. Wir empfangen den anderen, als wäre er Musik, wir horchen auf den Rhythmus und den Tonfall seiner Erzählung, auf deren thematische Wiederholungen und Disharmonien. Hier werden wir zu Mythenforschern der Seele, das heißt Lernende der Erzählungen der Seele; denn Mythologie bedeutet ursprünglich „Geschichten erzählen". Wenn die Seele eine Saite ist, kann nur das Ohr sie entdecken. Das Ohr ist der weibliche Teil des Kopfes; es ist Bewusstsein, das ein Maximum an Aufmerksamkeit mit einem Minimum an Absicht anbietet. Wir empfangen einander durch das Ohr, durch den weiblichen Teil unserer selbst, empfangen und tragen eine neue Lösung des Problems des anderen erst dann aus, wenn es uns ganz durchdrungen hat, wenn wir seinen Einfluss gespürt haben und es sich schweigend in uns einbetten konnte.

Solch ein Zuhören, das dem anderen erlaubt, auf seine eigene Weise zu uns vorzudringen, dieses mehr Lassen als Tun, kann zu dem führen, was in der Jungschen Analyse als psychische Infektion bezeichnet wird. Das ist ein weiteres Risiko bei der Begegnung. Wo ein wirklicher Konnex besteht und die Tore offen sind, fließen zwei Seelen zusammen. Man spricht von einer „Begegnung der Seelen". In diesem Augenblick verliert man, indem man den anderen wie sich selbst annimmt, das Gefühl dafür, wer wer ist, was mein ist und was Dein. Es kann zu einer *folie à deux* führen. Aus guten Gründen halten wir uns an das Ich; seine zielgerichtete Intensität ist die erste Verteidigung gegen solch eine Infektion, denn das Ich hält uns unabhängig, intakt, frei von Ansteckung, ungetrübten Auges. Aber das Ich, mit all seinem Wert als Wächter, ist nicht der Therapeut. Die Heilung kommt von unserer unbewachten Seite, von da, wo wir töricht und verletzlich sind. Das kommt in der Vorstellung vom verwundeten Heiler zum Ausdruck, der durch seine eigenen Wunden heilt – oder einer Berufung bedarf. Eine Wunde ist eine Öffnung in den Mauern, ein Durchlass, durch den wir uns anstecken können, durch den wir aber auch auf andere einwirken. Die Pfeile der Liebe verwunden sowohl wie sie heilen, und sie sind Rufe. Mitleid entstammt nicht dem Ich. Aber offene Wunden, die nicht täglich versorgt werden, können fremde Infektionen aufnehmen und dann eine ganze Persönlichkeit krank machen. Ich bin also wiederum gezwungen, meinen eigenen Leiden und Bedürfnissen Aufmerksamkeit zu schenken, wenn ich irgend jemand anderem dienlich sein soll.

Von all den Hindernissen, die sich einer Begegnung entgegenstellen, verdient die Neugier besondere Aufmerksamkeit. Ich meine nicht die morbide oder pervertierte Neugierde, von der wir alle unseren Anteil haben, als Teil des Bösen oder der Ursünde, ohne die zu existieren unvorstellbar ist. Neugierde ist nicht nur sublimierte Skoptophilie oder Voyeurtum, die Schlüpfrigkeit des stellvertretenden Lebens durch den Schmutz und die Erregungen anderer. Jeder, der es in seiner Arbeit mit Privatangelegenheit zu tun hat, muss mit dieser Seite seines Wesens ins Reine kommen. Neugierde kann tatsächlich nichts anderes sein als ein Gespür für den Klatsch, der aus ungelebtem Leben, aus dem durch andere gelebten Leben entsteht.

Aber Neugierde bedeutet auch ein tieferreichendes Versagen. Für den Heiligen Bernhard von Clairvaux, dessen *Nosce te ipsum* die geistige Disziplin der Selbsterkenntnis darstellte, war der erste Schritt vom Wege in der falschen Richtung nicht Stolz, nicht Trägheit, nicht Lust – sondern *curiositas.* St. Bernhard spricht hauptsächlich von ihrem zerstörerischen Wesen in Bezug auf den Menschen selbst, von dem schädlichen Einfluss, den der neugierige Geist auf den Frieden der Seele und die geistige Erleuchtung ausüben kann. Das Ich mit seinem Licht versucht in verborgenen Gründen der Persönlichkeit Ursachen aufzuspüren, forscht nach detaillierten Kindheitserinnerungen, fördert süße Stunden stiller Selbstbetrachtung. Wir sind neugierig zu erfahren, wer wir sind und wie wir so geworden sind, während die religiöse Haltung von Beginn an anerkennt, dass wir Geschöpfe Gottes sind und es Seiner in unserer Seele wirkenden Absichten verdanken, zu sein, was wir sind, und nicht etwa den Zufällen unserer Erziehung und Umstände. In der Sprache der Tiefenpsychologie ausgedrückt, bedeutet die Warnung des Heiligen Bernhard, dass man dem Unbewussten erlauben müsse, zu seiner eigenen Zeit und auf seine eigene Weise aufzutauchen, ohne zu versuchen, voll Neugier eine Krankengeschichte zusammenzustückeln, die eine Erklärung auf die Frage „warum" gäbe.

So erweckt auch Neugierde gegenüber dem Menschen, der uns da gegenüber sitzt, Neugierde in diesem anderen. Er fängt dann an, sich selbst als Objekt zu betrachten, sich als gut oder böse zu beurteilen, Fehler an sich zu entdecken und sich dafür zu tadeln, auf Kosten des einfachen Gewahrwerdens mehr an Über-Ich und Ich zu entwickeln, sich selbst als Fall mit einem Etikett aus dem Lehrbuch zu sehen, sich für ein Problem zu halten, statt sich selbst als Seele zu erleben.

In der praktischen Arbeit äußert sich die Neugier in Fragen. Man erkundigt sich bei mir: „Haben anderen Menschen auch solche Träume?" Oder jemand fängt an, Klein, Horney, Fromm zu lesen, um herauszufinden, wie andere „Schulen" das gleiche Problem behandeln würden. Man nennt das oft „Intellektualisierung", aber es ist eher ein Problem des Gefühls. Die Neugier entspringt aus Gefühlen von Zweifel und Unsicherheit; man braucht andere, um Erfahrungen zu bestätigen, statt auf sich selbst zu vertrauen. Die Neugier zerstört das Vertrauen in den Therapeuten oder den Berater durch ständige Vergleiche, durch die ständigen Versuche, sich außerhalb der Situation zu halten und sie von einem sogenannten objektiven Standpunkt aus zu beurteilen und über sie zu entscheiden. Der objektive Standpunkt ist ein Platz am Berghang, wo man nicht in den Strudel der Gefühle gerät. Aber es gibt ebenso viel Objektivität tief im Mittelpunkt des drehenden Wirbels, wie draußen, wo man von hoch oben hinunter schaut.

Die Neugierde schnüffelt nicht nur und will aufspüren; sie quält und beißt sich fest wie eine Bulldogge. Ist ein Geheimnis einmal zum Vorschein gekommen und gebeichtet worden, muss nicht immer und immer wieder darauf zurückgekommen werden, um es als Eckstein einer Psychopathologie zu verwenden.

Die Aufgabe der Beichte ist Reinigung; was abgewaschen ist, ist verschwunden, vom Fluss in ein fernes Meer fortgeschwemmt. Das Unbewusste kann unsere Sünden in sich aufnehmen. Es lässt sie ruhen und verleiht das Gefühl der Selbstvergebung. Die Neugier will herausfinden, was die Sünden jetzt machen: Sind sie wirklich verschwunden? Ist da nicht noch irgend etwas? So lässt die Neugier einen Komplex nicht abwelken. Stattdessen füttert sie ihn, bietet ihm neue Möglichkeiten, vergrößert die Schuld. Nichts kann eine Beratung mehr vom Wege abführen – und zwar in der Illusion, progressiven therapeutischen Entdeckungen zu folgen – als wenn ein Mensch, ergriffen von dem Drang, aufs gewissenhafteste zu beichten, in die Hände eines unersättlich neugierigen Beraters fällt. Neugier ist negative Introversion, sie ist engstirnig introspektiv, anstatt offen kontemplativ zu sein. In *The Cloud of Unknowing*, einer Schrift der englischen Mystik des 14. Jahrhunderts, wird daher die Neugierde als ein Teil der Tätigkeit angesehen, die dem kontemplativen Leben nicht ansteht – d.h. nicht zur Haltung des Hörenden passt. Auch der große Seelenführer Fenelon (1651–1715) erklärt in den *Lettres spirituelles*, dass die Neugier übermäßige Aktivität sei. Er schildert, wie die Unterhaltung zwischen zwei Menschen, die sich gegenüber sitzen, vor sich geht. Kurz er findet es unerlässlich, dass man sich von Zeit zu Zeit an jemanden wendet (also einen Beichtiger, einen Berater, einen Therapeuten) und er sagt:

> Es ist nicht nötig, dass solch ein Mensch arriviert sei oder bessere Manieren habe als man selbst. Es genügt, dass Du Dich in aller Einfachheit mit einem Menschen unterhältst, der jeglicher reinen Verstandesmäßigkeit und aller Neugier fernsteht.

Nach Fenelons Meinung braucht dieser „jemand“, der Berater also, keine besonders guten Umgangsformen, muss kein moralisches Vorbild sein, kein beispielhafter Mensch, aber er sollte seinen neugierigen und forschenden Geist zur Ruhe verwiesen haben.

Moderne Formen der Neugierde verraten sich sehr deutlich

in der Analyse, besonders dort, wo der Psychodynamik große Aufmerksamkeit zugewendet wird. Analysen dieser Art, ob sie sich nun mit der frühen Kindheit oder mit Übertragungsreaktionen befassen, schlagen den Weg des Ausforschens und eifervollen Suchens ein, als ließen sich die Tiefen der Seele nur durch Neugierde durchdringen. Da finden wir dann die endlose Verfolgung von Assoziationen, das Berechnen von Mechanismen und schließlich Diagnosen, die zur laienhaften Verwendung klinischer Ausdrücke als beliebtem Zeitvertreib führen (die Bezeichnungen „neurotisch", „paranoid", „manisch" gehören hierher). Wer kann einen anderen Menschen berechnen? Wer kann sich selbst berechnen? Wer kann durch sorgenvolle Introspektion „seiner Länge eine Elle zusetzen" (Matth. 6,27)? Gott allein kann uns kennen, aber dieses Kennen ist sicher nicht das Ergebnis seiner Berechnung unseres Seins, noch hat er uns gelöst wie ein Puzzlespiel. Besonders irreführend ist die Vorstellung, dass, wenn wir nur die Details eines Falles sorgfältig zusammentragen, wir daraus das Mysterium eines Menschen zusammensetzen könnten. Einzelheiten der Zufälle des Lebens sind, wenn sie nicht symbolisch etwas vertreten, niemals wesentlich für die Seele. Sie bilden nur ihr kollektives Befangensein im Wirrwarr und den peripheren Trivialitäten, nicht ihre individuelle Substanz. Der Mensch, der zur Beratung erscheint, kommt, um von der Bedrängnis durch Zufälle befreit zu werden, um die Wahrheit zu finden, um sich von den Banalitäten loszumachen, die er zwar als solche erkennt, von denen er aber zwanghaft festgehalten wird. Die Aufgabe besteht an diesem Punkt darin, den Sprung ins Unbekannte zu tun, statt durch Fragen nach Einzelheiten mehr herauszufinden, nur um einen Grundriss der Störungen ausfindig zu machen. Wie viel Zeit wenden alte Leute doch an ihre Gedanken und Erinnerungen, ohne nach all den langen Lebenstagen einen Grundriss zu entdecken. Je länger und besser man einander kennt, wie bei der Tiefenanalyse, die sich durch Jahre erstreckt, desto weniger kann man mit Sicherheit über die wahre Wurzel des Übels aussagen, denn die wahre Wurzel ist immer der

Mensch selbst, und der Mensch ist weder eine Krankheit noch ein Problem, sondern ein im tiefsten unlösbares Geheimnis.

Die Neugier in der Psychologie heute verrät sich auch in den psychologischen Tests. Es gibt deren Tausende, standardisierte und patentierte, und es gibt Menschen, die ihren Unterhalt durch die berufsmäßige Anwendung solcher Tests verdienen. Für sie ist die Neugier zu einer ausgefeilten Technik und zu einer guten Verdienstquelle geworden. Tests zu machen gilt als hochgeachtete Spezialistenarbeit; es gibt Doktoren der Neugier. Tests versuchen, die Psyche oder Seele wie ein lösbares Zusammensetzspiel zu behandeln, als könne man sie auseinandernehmen, zusammensetzen, abzählen, etikettieren, kennen. Sie machen uns in Bezug auf uns selbst, unsere Charakterzüge und Neigungen neugierig. Abgesehen davon, dass sie uns zum Konkurrenzverhalten verleiten, stellen sie uns, als erfahrende Subjekte, außerhalb unserer selbst, spalten uns in Beobachter und Objekt auf. Eine Frage fordert eine Antwort; das Subjekt fordert ein Objekt. Neugier vereinigt nicht. Sie weckt Zweifel und nagt am Selbstvertrauen, am Glauben an mich selbst. Wo ich von jemanden getestet werde, sind Tisch, Papier und Fragen zwischen uns. Es gibt keine Beziehung, keine Begegnung.

Auch der Pastoralberatung wird die Auswirkung der Testpsychologie nicht immer erspart bleiben, denn wenn ein Geistlicher jemanden in der von dieser Psychologie übernommenen Haltung befragt, wenn er nach Daten aus dem Schul-, dem Arbeits- und dem Sexualleben forscht, wenn er versucht, die Ergebnisse in Tabellen einzutragen, sie gegeneinander auszuwerten, um Resultate zu erzielen, dann ist sein geringes psychologisches Wissen zu einer gefährlichen Sache geworden.

Die psychodynamische Analyse und die Testpsychologie sind nur zwei Formen, in denen die Neugier heute unsere Arbeit ungünstig beeinflusst. Es gibt noch eine weitere: die Verhaltensanalyse oder die Mikro-Analyse der Kommunikation. Bei dieser Methode wird das Zusammentreffen zweier Menschen aufgezeichnet oder sogar gefilmt oder durch einen Einweg-Spiegel beobachtet, um es zu analysieren, herauszufinden, was vor sich geht und was verkehrt geht. Jede Geste, jede Haltung, Veränderung, Pause, Unterbrechung wird auf die Hinweise untersucht, die sie verrät. Ein guter Teil des Unbewussten kann auf diese Weise bewusst gemacht werden. Jemand, der mich auf meine Schwächen hin beobachtet und mehr darauf achtet, *wie* ich spreche, als auf das, *was* ich sage, wird vielerlei Beweise für Gewohnheiten entdecken können, die mir unbewusst sind; er wird mir eine Menge darüber sagen können, in welcher Art ich Angst ausdrücke und Unsicherheit anderen Menschen gegenüber verrate. Wir wissen es nicht immer, wenn wir die Angewohnheit haben, den Daumen in der Faust zu halten, sorgenvoll die Stirn zu runzeln oder geistesabwesend zusammengesunken dazusitzen.

Uns, die wir uns mit menschlichen Problemen beschäftigen, sind in letzter Zeit all diese modernen Methoden, den anderen kennenzulernen, durch psychodynamische Analysen, projektive Teste, Tonbänder die Neugier in Anwendung zu bringen, als Arbeitshilfen aufgedrängt worden. Aber trägt ein Wissen, das um den Preis einer noch weiteren Aufspaltung des Individuums in sich selbst und von sich selbst, erworben wurde, zur Sorge um die Seelen und zu ihrer Heilung bei? Und wie viel von diesem Wissen kann von der sich entfaltenden Persönlichkeit, deren Leiden Teil ihres Wachstums ist, realisiert und integriert werden? Wir könnten uns fragen, warum diese Methoden aufgetaucht sind und ob sie nicht eher ein Ersatz für die unmittelbare und so verletzliche menschliche Beziehung sind. Es scheint als ob wir so isoliert und in unseren Ich-Verteidigungen so befangen wären, dass ein ganzes psychologisches Spionagesystem erfunden werden musste, um eine Kommunikation zwischen den Verliesen unserer inneren Festung herzustellen. Die in sich selbst gespaltenen Länder und Städte sind ein Symbol unserer Zeit, und wo keine menschliche Beziehung durch die Mauern zwischen Ost und West, Nord und Süd besteht, da wuchern die Neugiersysteme der Spione. „Hüte Dich“, „Schau Dich um“ heißen die Parolen, anstatt „Horch und öffne Dein Ohr …“. Alle Methoden der geistigen

Neugier verhindern das Zusammentreffen der Geister. Wo der Geist die Abwehr durchdringen könnte, löst er nur Alarm aus, der die Sicherheitsvorrichtungen verstärkt. Die Spontaneität, die unbefangene Erzählung, die holter-die-polter hervorsprudelt, wird zum Versiegen gebracht. Der Bericht, den einer von sich selber gibt, wird kalt wie abgestandenes Essen, denn jedes Gefühl wird zurückgehalten, damit man sich nicht verrät.

Mit anderen Worten: das erste Hindernis dabei, einander kennenzulernen, ist der bewusste Wunsch, es zu erreichen. Hier kommen mir nun meine Bedürfnisse zur Hilfe. Wenn mein Bedürfnis, ein Therapeut oder Berater zu sein, wirklich in meinem Sein verwurzelt ist, als Berufung, das zu sein, was ich bin, Teil meiner eigenen Verwirklichung als Persönlichkeit, dann kann ich dieses Bedürfnis nach Selbstverwirklichung ausdrücken, ohne mich berufsmäßig in die Domäne des anderen einzudrängen. Meine Fragen werden dann nicht der Neugier entspringen, noch wird mein Wissen aus distanzierter Beobachtung abgeleitet sein. Vielmehr sind meine Fragen dann Teil meiner eigenen Suche nach dem Wesen des Menschen, mich selbst eingeschlossen. Auf solche Fragen gibt es keine Antworten; aber sie rufen Widerhall hervor. Und dieser Widerhall ist eine spontane Bewegung beider auf den Kern der Sache zu. Neugier in Bezug auf Tatsachen und Einzelheiten schwindet vor der offenen Betrachtung dessen, was ist, wie es gerade kommt. Der Frager, der auf die Befragungstechniken verzichtet, befreit den Antwortenden von der Identifizierung mit seinen Antworten, davon, in seiner Falldarstellung gefangen zu sein, in seinem zufälligen Lebenslauf, schuld zu sein an dem, was er gesagt hat. Das Interview, erlöst vom Modell der peinlichen Befragung, verwandelt sich in eine Begegnung.

Prudens quaestio dimidium scientiae. Die unkluge Frage aus Neugierde ist nicht nur ein Übergriff auf die Unversehrtheit und die innere Welt eines Menschen, auf seinen inneren Wert. Sie zerstört auch die Distanz. Alle Tiere haben ein natürliches Distanzgefühl. Wenn Vögel auf einem Telefondraht sitzen oder

Möwen am Kai, dann halten sie einen bestimmten Abstand voneinander ein. Wenn eine streunende Katze auf einer Mauer kauert, während ich vorübergehe, bleibt sie still sitzen und beobachtet mich, bis ich eine bestimmte unsichtbare Linie überschreite, dann saust sie davon. Zirkustiere werden durch die Manipulierung der Distanz dressiert. Die Löwen werden einer nach dem anderen in die Arena gelassen, wo jeder auf seinem Podest in gewissem Abstand von den anderen sitzt. Wenn der Dompteur mit seinem Stuhl oder seiner Peitsche, die Verlängerungen seiner selbst sind, zu nahe kommt, löst er die Kampf-oder-Flucht-Reaktion im Tier aus. Es muss entweder von seinem Platz zurückweichen oder mit der Tatze zuschlagen und fauchen. Das Tier wird durch die fortlaufende Verringerung seiner natürlichen Distanz gezähmt. Es zeigt sein Vertrauen, wenn es ein anderes Tier oder den Dompteur die „kritische Distanz" überschreiten lässt, ohne dass die instinktive Reaktion von Flucht oder Kampf ausgelöst wird. In der Begegnung zwischen Menschen wirken sich die gleichen tierischen Verhaltensformen aus. Im Verlauf der Kulturentwicklung haben wir gelernt, physische von psychologischer Distanz zu unterscheiden. Wir können in einem überfüllten Lift stehen oder uns nackt vom Arzt untersuchen lassen, ohne das Gefühl zu bekommen, dass in unsere psychologische Distanz eingedrungen würde. Uns stehen psychologische Verteidigungsmechanismen zur Verfügung, hinter denen wir uns verbergen können. In einer Begegnung zwischen zwei Menschen aber beeinflussen tiefe Reaktionen der natürlichen Distanz trotz allem die Beziehung. Das Problem der Distanz, die Frage, wie nahe man herangehen darf, tritt bei jedem Zusammentreffen auf. Manche Menschen, auf die man das Wort hysterisch anwendet, scheinen zu schnell zu nahe zu kommen, andere, als schizoid bezeichnete, wirken weit entfernt, selbst wenn sie ihre Gefühle darstellen. In einer Situation, wo man zu schnell mit Tests oder Interviews oder der Forderung nach Ablegung einer Beichte vordringt, kann die natürliche Distanz leicht zerstört und die Flucht-oder-Kampf-Reaktion ausgelöst werden. Nach einem Interview kommt dieser Mensch niemals wieder. Außerstande, gegen Dich zu kämpfen, hat er die Flucht ergriffen.

Jeder Mensch hat seinen eigenen Raum; außerdem kann man keine vollständige Darstellung eines Grundproblems erwarten, wenn kein Raum dafür da ist. Ein Grundproblem ist eine schmerzliche Verwirrung. Es scheint das gesamte Leben eines Menschen auszufüllen, hat ein ungeheures Gewicht und schleppt während seines Wachstums Sprösslinge und Anhängsel nach sich. Es hat weder Anfang noch Ende, und man kann sich nur mit ihm befassen, wenn ihm sehr viel psychischer Raum zugebilligt worden ist. Es wird außerdem in einem eigenen psychologischen Raum gehalten, der durch atmosphärische Spannungen, eine Stimmung von Trauer oder Nervosität, Bitternis oder Sehnsucht gekennzeichnet ist. Niemand kann ein Grundproblem angehen, ohne sich in diese Atmosphäre, in der das Problem gehalten wird, hineinzubegeben, ohne die Bereitschaft, in dieser Atmosphäre zu leben.

Hat ein Mensch zu seinen Problemen Abstand und zeigt das, indem er sie klar beschreibt, diagnostische Kategorien anwendet, sich unbefangen über traumatische Vorkommnisse äußert, dann gilt als Faustregel, dass ein wesentlicher Teil, gerade der Schlüssel zum ganzen Problem, ausgelassen wurde. Da psychologische Probleme nicht etwas sind, was die Leute haben, sondern etwas, was sie sind, ist es nicht ungewöhnlich, dass man viele Wochen – sogar ein ganzes Jahr lang – mit jemandem arbeiten kann, ehe man der eigentlichen Sache näher kommt, der Ursache, weswegen der Mensch sich überhaupt auf die Therapie eingelassen hat. Wenn die großen Zirkuskatzen den Käfig betreten, folgen sie einander entsprechend ihren Sympathie- und Antipathiegefühlen. Manche Löwen wollen nicht hinter anderen hergehen, manche stellen sich bei einem Streit auf die Seite bestimmter anderer, manche identifizieren sich mit dem Stärksten oder mit dem Dompteur. In jedem Fall betritt der Löwenbändiger als erster den Käfig und nimmt ihn für sich in Anspruch; es ist sein Raum, und die Löwen anerkennen das. So ist auch der Analytiker als erster in seinem

Arbeitsraum – es ist sein Raum, sein Platz. Wenn der Tiger im Zoo in einen neuen Käfig gebracht wird, nimmt er ihn in Besitz, indem er in alle Ecken uriniert. Er setzt seine Markierung an die Grenzen seines Existenzraums. Der Therapeut oder Berater legt seine kleinen Besitztümer im Zimmer umher, hängt seine Andenken an die Wände, bemalt das Holzwerk in seiner Lieblingsfarbe.

Wenn ich eine Person in meinem Zimmer empfange, liegt dicht unter der Oberfläche der Situation das tierische Verhaltensmuster im Käfig. Der Busch ist eine Welt von Einzelterritorien, die durch Gerüche bezeichnet sind, kreuz und quer durchzogen von Spuren, organisiert in Hierarchien. Innerhalb meines Arbeitszimmers kann es für einen anderen nur Platz geben, wenn ich Platz mache, wenn ich genug Raum einräume, so dass der andere hereinkommen kann – nicht aufgelöst angesichts meiner Macht und Autorität, sondern umschlossen von seiner eigenen Atmosphäre. Der Berater muss sich zurückziehen, damit der andere sich öffnen und sprechen kann. Ich muss mich zurückziehen, um dem anderen Platz zu machen. Es ist nicht genug, dies Vorgehen als „client-centred" Therapie (Therapie, in deren Mittelpunkt der Ratsuchende steht) zu bezeichnen, denn solange er der Ratsuchende ist und solange er in meinem Zimmer ist, ist er niemals der Mittelpunkt. Seine Übertragungsprojektionen auf den Therapeuten bestätigen ihm seine Unterlegenheit. Dieses Sich-Zurückziehen, statt dem anderen entgegenzueilen, ist ein intensiver Akt der Konzentration, für den sich in der Lehre der jüdischen Mystik vom *Zimzum* ein Vorbild finden lässt. Gott, allgegenwärtig und allmächtig, war überall. Er füllte das Universum mit Seinem Sein. Wie konnte dann die Schöpfung vor sich gehen? Nicht durch Ausstrahlung, indem Gott aus sich selbst ausströmte, denn da war kein Raum; und wäre Raum gewesen, dann bedeutete das eine Unvollkommenheit Gottes, eine leere Stelle, wo ER nicht war. Darum musste Gott schöpfen, indem er sich zurückzog. Durch Selbst-Kontraktion, Selbst-Konzentration erschuf er das Nicht-Er, das Andere. Aus dieser Lehre erwuchsen viele mystische Spekulationen über die verborgene Herrlichkeit Gottes und deren Parallelen zu dem mystischen Menschen, der durch Intensivierung, durch Rückzug und Exil von der Außenwelt der Schöpfung hilft. Auf menschlicher Ebene bedeutet der Rückzug meiner selbst, dass ich dem anderen helfe, existent zu werden.

St. Johannes vom Kreuz bezeichnet das Paradoxon der Distanz einfach als *sin animo y con arrimo:* ohne näher zu kommen näherzukommen.

Während der Analytiker nur ausnahmsweise seinem Analysanden außerhalb seines Konsultationsraums begegnet und der Arzt immer seltener Hausbesuche macht, hat der Geistliche die einzigartige Möglichkeit, das Heim zu betreten und seine seelsorgerische Funktion innerhalb des natürlichen Habitats seines Schützlings auszuüben. Die vielfältigen Diskussionen über die Frage der „Besuche" durch den Geistlichen – ob er anrufen soll, wenn er sich Sorgen um ein Gemeindemitglied macht, ob er eine Ehefrau besuchen darf, während der Mann bei der Arbeit ist, ob die Kinder bei dem Gespräch anwesend sein sollten oder nicht – kurz die ganze Frage, wie das räumliche Problem der menschlichen Beziehung zu handhaben ist, sollte man besser als eine Frage der Haltung statt der Technik ansehen. Unter dem Einfluss der Psychotherapie und des ärztlichen Modells des Analytikers neigen Geistliche mehr und mehr dazu, ihre sorgenbeladenen Gemeindekinder in ihrem Büro (ihrer „Amtsstube", ihrer „Klause") zu empfangen. Das schneidet den Priester nur noch weiter von den ihm Anvertrauten ab und verwandelt die Gemeindemitglieder tatsächlich in Patienten. Der Grund dafür ist die Ängstlichkeit des Geistlichen, sich an der Stelle, wo die Sache losgeht, mit der menschlichen Beziehung zu befassen. Er hat die unvergleichliche Möglichkeit, in die Heimstätte, in die Familie selbst einzutreten, wo die Seele ihre Leiden besteht. Die Tradition der Pastoralfürsorge beweist, dass der Geistliche nicht nur Besuche machen darf; er muss sie machen. Der Schäfer schaut nach seiner Herde; sein Hund folgt den Verirrten, horcht ständig darauf, wo es Unruhe gibt und steckt seine Nase überall hin. Das ist möglich, wenn der Hirte etwas von Distanz versteht und sich selbst nicht bedrängt und überwältigt fühlt, wenn er den Raum des anderen betritt. Distanzhalten rührt an das Wesen der Verschwiegenheit und an die Achtung, die Geheimnisse fordern[2]. Die Seele hat nicht nur Geheimnisse, sondern ist selbst ein Geheimnis, oder, um es anders auszudrücken: Die Flucht-oder-Kampf-Reaktion beim Menschen schützt seine lebenswichtigste psychologische Wahrheit. Natürlich wirken zu unrecht bewahrte Geheimnisse als Gift, und die Seele sehnt sich danach, durch die Beichte von ihnen befreit zu werden. Aber nicht jedes geheime Leben ist pathologisch und nicht alle Scham und Scheu entspringt der Sünde. Geteilte Geheimnisse bauen Vertrauen auf, und Vertrauen zähmt das Flucht-oder-Kampf-Problem der Distanz. Kein Wunder, dass es so etwas wie Kurztherapie nicht geben kann, wo sich die Seele gänzlich beteiligt.

Distanz wird oft mit Kälte verwechselt, geradeso wie Nähe und enges Zusammenleben für Wärme gehalten werden. Wir alle möchten so gern warme, liebevolle, aufgeschlossene Menschen sein. Der Vorwurf der Kälte ist fast am schwersten zu ertragen – und er wird so oft erhoben. Aber häufig handelt es sich gar nicht darum, dass der Berater oder Therapeut kalt reagiert, er erhält nur seinen Abstand aufrecht, bleibt in sich selbst beschlossen. Das hat verschiedene Auswirkungen auf den anderen. Erstens konstelliert es die andere Person als „anders", als unterschieden, als abgetrennt, mit dem Schmerz, sie selbst zu sein, allein zu sein. Gehört der andere dem entgegengesetzten Geschlecht an, dann betont mein Abstand den Unterschied zwischen uns, der im tiefsten als sexuelle Polarität symbolisiert ist. Der Abstand macht aus uns Mann und Frau; Verschmelzung macht uns zu beidem oder zu nichts. So wird

2. Der Leser sei auf C. G. Jungs erhellende Ausführungen über die Verschwiegenheit in seinen autobiographischen „Erinnerungen Träume Gedanken", Zürich und Stuttgart 1963, hingewiesen und auch auf das letzte Kapitel meines Buches „Selbstmord und seelische Wandlung", Zürich 1966, über: Ärztliches Geheimnis und analytisches Mysterium.

natürlich die Polarität als anziehende oder abstoßende Kraft erfahren, und wir werden vom Phänomen der Übertragung ergriffen. Gefühl steigt auf und die Tiefenberatung beginnt. Zweitens gibt meine Distanz dem anderen die Möglichkeit hervorzukommen, eine Brücke zu schlagen, seine eigenen extrovertierten Gefühle und Empfindungen ins Spiel zu bringen, sei es auch nur auf der wortlosen Stufe der Tränen. Drittens konstelliert sie Würde und Respekt vor den Problemen. Nichts räumt der Seele mehr Möglichkeit ein als das Schweigen; über Lärm hinweg kann sie nicht hören. Das mag nun allzu ernst und fromm klingen, und jede Haltung, die man sich wie einen Ärztemantel, ein geistliches Kostüm oder einen Analytikerbart umhängt, kann missbraucht werden. Aber vor allem anderen wollen wir keine Furcht erregen – und immer herrscht ungeheure Furcht, Flucht-oder-Kampf-Gefühl, wo die Seele beteiligt ist. Die Gefahr ihres Verlustes, ihrer Schädigung, dass sie in die Irre geführt werden könne, falsch beraten, verurteilt, verdammt – all das ist während des therapeutischen Gesprächs stets gegenwärtig. Und wir werden ja auch meist in Angst, und aus Angst, aufgesucht. Diese Angst kann auf uns projiziert werden, so dass wir das Unbewusste als Drohung und Feind repräsentieren. Aber nur „die vollkommene Liebe treibt die Furcht aus" (Johannesbrief 4,18) – darum muss die Angst mindestens so lange aus der Situation verbannt werden, bis die Liebe ihre Macht aufwiegt. Solange noch Angst herrscht, sollte der Raum der Beratung am besten als Tempelreservat oder *temenos* angesehen werden, als umschlossenes Heiligtum, das Zuflucht vor der Angst gewährt. Die aktive Liebe kann nicht von der Angst erlösen, während Stille, Kühle, Dunkelheit und Geduld die Höhle bilden können, in der man sich verbirgt, bis die Nacht vorüber ist. Zuerst der Schutzraum, erst später das Feuer, das wärmt und erleuchtet. Die aktive Liebe kann die Angst nicht lösen, da der tiefste Kern der Angst – wie religiöse und psychologische Beobachter übereinstimmend feststellen – die Angst vor der Liebe selber ist. Die Unvollkommenheit der Liebe, wie sie von Kindheit an erlitten wurde, haben zu dieser

Angst geführt, in der die Liebe verborgen liegt, zu diesem Komplex quälender Sensitivität. Diesen Komplex selbst mit liebevoller Beratung zu berühren, kann nur dann heilsam sein, wenn die Angst nachlässt und die Berührung von einem Berater herkommt, dessen Liebe „vollkommen" ist – wie immer das verstanden werden mag. Nur solche Liebe überwindet unsere Angst, aber es liegt nicht in unserer Hand, derartiges zu tun oder zu machen. Sie wirkt jenseits der direkten Berührung durch die Beratung, die in ihrem Schatten liegt; als läge jede menschliche Begegnung unter den Flügeln der Taube, als wäre der Schatten aller Beratung die Dunkelheit der Liebe.

Die Theologen ergreifen jede Gelegenheit zu versichern, dass Gott die Liebe ist. Analytiker verwenden viel Zeit am Schreibtisch darauf, Aspekte der Liebe in der Familie, in der Sexualität, in der Übertragung zu analysieren. Warum müssen wir so viel über die Liebe predigen und schreiben, da wir doch immer in der einen oder anderen Form in ihr versunken sind? Warum ist es so nötig festzustellen, dass die höchste aller Tugenden die Liebe ist, und warum ist es nötig zu beweisen, dass Neurosen Unvollkommenheiten und Fehlformen der Liebe sind? Wenn die Liebe so ontologisch grundlegend für die Theologie und die Psychologie ist, warum können wir es nicht dabei bewenden lassen? Warum vollzieht sie sich nicht nur einfach, und warum gewahren wir ihre äußerste, unkomplizierte Einfalt nicht, wie wir anderer ontologischer Grundvorgänge gewahr werden. Wenn Liebe das Wesen des Menschen und das Wesen Gottes ausmacht, woher stammen dann die Behinderungen? Warum herrscht Dunkelheit? Warum diese schrecklichen Leiden der Liebe?

Auf Fragen dieser Art gibt es keine Antwort. Trotzdem sagt uns die therapeutische Erfahrung einiges darüber, warum Lieben so schwierig ist und warum Abstand und Verschwiegenheit und Kühle notwendig sein können. Sie bieten Schutz gegen die Liebe – und Liebe verwundet. Die Mythen besagen, dass die Liebe durch die Pfeile des Eros erfahren wird. Bei Platon ist sie ein göttlicher Wahnsinn, eine *mania.* Die Liebe Jesu führt zum Kreuz. Die menschliche Begegnung ist schwierig, weil sie zu jenem verwundenden Erlebnis, zu dieser *mania*, zu dieser Erschöpfung des Nur-Menschlichen führt. In der Distanz, durch die Technik des Interviews vom anderen getrennt, sind wir weniger leicht zu erreichen und zu berühren; die Pfeile fallen zu Boden, ehe sie uns treffen. Neugier schließt das Herz aus. In einer Gruppe werden wir nicht so schnell aufgefunden, ausgewählt, angetroffen. Bin ich allein, gibt es keine Augen, die meinen begegnen wollen. Aber in der Begegnung zweier Menschen, die sich gegenübersitzen, haben wir eine primäre Situation des Liebens. Allein in einem Raum, Auge in Auge, geschützt durch Verschwiegenheit, die Seele bloßgelegt, während die Zukunft auf dem Spiel steht – konstelliert das nicht die archetypische Erfahrung der menschlichen Liebe? Wir kommen mit unserem Verständnis nicht weiter, wenn wir dieses Erlebnis abwertend als „Projektion“ bezeichnen oder als „Übertragung“ anschwärzen. Zwei Menschen, die einander und dem Verlauf ihrer Verstrickung in die Leiden der Seele überantwortet sind, werden zur gleichen Zeit von der archetypischen Kraft der Liebe durchströmt. Sie ist noch stärker, wo sie zusammen hoffen, durch ihre Begegnung ein neues Leben als Ergebnis ihrer Vereinigung zu erschaffen. Wir tun gut daran, diese Realität von Anfang an als eine Gegebenheit der Situation uns bewusst zu machen, sonst kann sie uns überfallen, und wir stolpern in sie hinein; wir können uns verlieben, ohne Rücksicht auf Geschlecht, Alter, äußere Umstände. Dann ist es gut, sich des „Hohenlieds“ zu erinnern: „Ich beschwöre euch ... dass ihr meine Freundin nicht aufweckt, noch reget, bis es ihr selbst gefällt.“ Liebe gefällt nicht, bis wir ihr nicht irgendwie gewachsen sind, und wir sind ihr nicht gewachsen, solange sie ein Affekt ist statt eines Seinszustandes.

Liebe als Seinszustand, wie Tillich das beschreibt, gehört vielleicht in den Bereich der Theologie. In der Therapie begegnen wir der Liebe gewöhnlich als einem Affekt, einem emotionalen Tohuwabohu. Und bei der Beratung gleicht sie eher dem Affekt der Analyse als dem Seinszustand, den Paul, Nygren und Tillich in der Theologie lehren.

Die Gegensätze von Begehren und Innerlichkeit, Handeln und Sein spiegeln sich in zwei gegensätzlichen Traditionen des Liebens, die ich der Einfachheit halber die östliche und die westliche nennen will. Sich einzig an die Tiefe und die Innerlichkeit der Liebe halten zu wollen, ist quietistisch. Irgendwie ist es unmenschlich; es negiert die lebendige Wirklichkeit des Gegenstands der Sehnsucht, indem es ihn oder sie als eine Imago in den Seinszustand der Liebe wie in einen Computer einfüttert, um da drinnen begraben zu werden. Andererseits erschöpft die westliche Caritas mit ihrer Kontaktfreudigkeit, ihren Programmen „Christus in Aktion" und „Die Kirche im Dienst der Gemeinschaft", mit ihrer Bewegung und ihrer Mission schnell die Quellen, wird zur leeren Geste, die in die Luft schlägt. Wenn Tiefe ohne Tätigkeit unmenschlich und Tätigkeit ohne Tiefe Narrheit ist, dann kann die Lösung für die Spaltung zwischen den beiden alten Vorstellungen von der Liebe – als Begehren oder als Seinszustand – unter Umständen von dem einzelnen Therapeuten oder Berater abhängen: in welchem Maße er fähig ist, in sich selbst seinen Impuls zur extrovertierten Aktion mit seinen introvertierten Tiefen zu verbinden. Diese zwei entgegengesetzten Bewegungen bilden das individuelle Kreuz der Liebe in psychologischer Sicht. Um den Mittelpunkt zu finden, muss unter Umständen die eine oder die andere Richtung für eine Weile geopfert werden. Vielleicht kann ich meine Tiefen der Liebe nur erreichen, wenn ich dem Impuls zur Aktion folge, die Liebe aufs vollste als Affekt durchlebe, alles preisgebe, was ich darüber gelernt habe, dass solche Liebe nicht das Richtige sei, nur ein Wahn und eine Unordnung. Oder ich muss andererseits auf eine starke Beteiligung verzichten, um die Liebe in mich selbst zurückzunehmen, obgleich ich weiß, dass dieser Rückzug die persönliche Verpflichtung verrät.

Ganz allgemein besteht die Gefahr bei der Beratung und Analyse darin, dass wir eine zu kurze innere Achse haben, um die Reichweite unserer extensiven Miteinbezogenheit zu tragen. Ich kann tatsächlich äußerlich bis zur letzten Möglichkeit lieben, aber sollte die vertikale Verbindung zum Seinsgrund in mir selbst, zu meiner Selbstliebe, zu mir selbst, durch mich selbst, noch nicht gebildet sein, dann werde ich eine Liebe erregt haben, die nicht gefällt. All die Fragen, die wir bisher besprochen haben, drehen sich um diesen Punkt: die menschliche Begegnung hängt von einer inneren Beziehung ab. Um mit dem anderen in Fühlung zu treten, muss ich innerlich in Fühlung sein mit mir.

Stehe ich innerlich nicht mit mir selbst in Verbindung und jemand kommt und schlägt eine Brücke über die Distanz zwischen uns, dann kann es geschehen, dass ich durch die Macht der Anziehung (verstärkt durch das Fehlen des inneren Bodens, auf dem ich stehen könnte) hinüber eile, um ihm in die Arme zu stürzen und damit meiner Identität verlustig zu gehen; oder aber sein Eindringen versetzt mich in Schrecken. Gewiss bedeutet die menschliche Beziehung eine nach außen gerichtete Begegnung von Menschen, und die Kommunikation zwischen ihnen bringt durch wechselweisen Austausch, durch Interviews, durch zwischenmenschliche Beziehung eine Einigung zustande. Aber es gibt eben auch eine Beziehung innerhalb der Persönlichkeit, die vertikale Verbindung nach unten in jedem einzelnen. Habe ich diese Achse in mir aufgerichtet, dann bin ich mit meinem Gefühl, mit meinem Zuhören gegenwärtig, mir selbst gegenüber in mir selbst offen gegenüber allem, was kommt, dann bin ich verankert, verwurzelt, ein fester Drehpunkt, den kein Irrlicht aus der Ferne verrücken kann. Von außen her könnte das wie ein Rückzug in sich selbst wirken, wie distanziert, gleichgültig, verschlossen und kalt; aber das ist unter Umständen nur der Gegendruck gegen die Macht der horizontalen Anziehung der Begegnung. Außerdem bleibt, wenn ich mich nach innen und unten zurückziehe, mehr Raum für den anderen, um sich auszudrücken.

Darüber hinaus setzen sich zwei innerlich mit sich selbst verbundene Menschen auch miteinander in Beziehung und

Austausch. Es können zwei Menschen sich im selben psychologischen Raum befinden, durch den gleichen seelischen Zustand konstelliert sein, miteinander in Verbindung stehen, ohne demonstrativ sich mitzuteilen. Gemeinschaft besteht nicht nur aus Kommunikation. Die innere Beziehung ist der Kontakt, den zwei Menschen von innen her, aus der Tiefe, miteinander haben können. Denn wenn ich dieser Wirkung, eben jetzt, wo sie eintritt, verbunden bin, dann bin ich auch dem anderen Menschen offen und verbunden. Der Seinsgrund in den Tiefen ist nicht einfach mein eigener persönlicher Grund. Es ist der universelle Rückhalt eines jeden Menschen, zu dem er durch eine innere Verbindung Zugang findet. Wir begegnen einander sowohl durch die Rückstrahlung des kollektiven Unbewussten, wie wir uns durch den Ausdruck unserer selbst in der persönlichen Kommunikation begegnen. Die Heilung geht auf die gleiche Art vor sich, wobei sie nicht so sehr von der Wirkung des einen auf den anderen abhängt, als von der Wirkung kritischer Momente, archetypischer Ereignisse, die aus dem Inneren emporsteigen und sich in unserer Begegnung widerspiegeln. In jedem solchen Augenblick kommt irgendein Bedürfnis der gemeinsamen menschlichen Seele zum Ausdruck, und die Bedürfnisse des einen wie des anderen werden, ohne viel geschäftigen Austausch auf persönlicher Ebene, reflektiert und erfüllt. Gerade weil sie den Menschen unterhalb der persönlichen Kommunikationen und Mitleidsgefühle zum archetypisch bedeutsamen Ereignis hinführen, sind solche Krisen heilsam. Zu seinem Erstaunen findet man sich in eine biblische Parallele gedrängt – sei es ein Erstgeburtsrecht vergebend, von neidischen Brüdern in eine Grube gestoßen sein, eine Tochter gegen ihre Mutter ausspielend; oder ein Walfisch will Dich in mitternächtlicher Depression verschlingen oder Rahab und Potiphars Weib suchen Dich heim. Plötzlich auf diese Stufe des unpersönlichen und immer wiederkehrenden, einmaligen Augenblicks, des Drehpunkts am Kreuzweg geschleudert, stehen zwei Menschen zusammen, die das Gleiche erleben, zusammen seinen Sinn ergründen.

So wie eine Gemeinsamkeit dieser Art sich von der Kommunikation unterscheidet, so unterscheidet sich Intimität von Gemeinschaft. Der Versuch, die christliche Gemeinschaft durch Gruppenbildungen wiederherzustellen, misslingt vielleicht – trotz all ihrer Erfolge, die in Frage zu stellen mir nicht zusteht – in Hinsicht auf die Intimität. Hier weist die Analyse noch immer den Weg. In der Intimität bin ich zuallererst mit mir selbst vertraut, gestatte mir zu fühlen, was ich eben fühle, zu phantasieren, was ich eben phantasiere, meiner inneren Stimme in aller Aufrichtigkeit zu lauschen. Durch meine innere Verbindung kann ich Scham und Elend erleben und auch neue Freude. Ich kann dazu gelangen, mich selbst zu kennen, weil ich mir mich selbst enthülle. In einer Analyse wächst die Intimität zwischen zwei Menschen weniger durch die horizontale Verbindung als durch die parallelen vertikalen Verbindungen innerhalb jedes der beiden Beteiligten. Jeder horcht ebenso sehr auf die Wirkung des anderen in seinem Inneren und deren innere Reaktionen, als auf den anderen. Jeder nimmt den anderen in sich auf. Jeder begegnet dem anderen auch in seinen eigenen Träumen oder Phantasien. Aus dieser Intimität, diesem Wissen von innen her, kann Gemeinschaft erwachsen, wie ja auch manche Analytiker ihre analytischen Beziehungen auf Gruppen und Freundschaften ausdehnen. Aber der Kern bleibt die in der Analyse entwickelte Intimität. Wenn der Geistliche die Intimität in sein Programm aufnimmt, sie als Ergebnis der Gemeinschaftlichkeit in und Teilnahme an der Gemeinde erwartet, so bedeutet das, dass er voraussetzt, die vertikale Bewegung sei ein Abkömmling der Beziehung zwischen Menschen. Erzwungene Intimität, zum Beispiel in Gruppen, treibt im allgemeinen jene Anteile der Seele, die nur mitgeteilt werden können, wo zwei oder drei, aber nicht eine Menge zusammen sind, zu tieferer Verhüllung.

Wenn die menschliche Begegnung die Liebe als archetypische Macht erregt, dann wird der Berater für die Schranken dankbar sein, die sich natürlicherweise zwischen Menschen aufrichten, denn sie sind spontane Verteidigungsmittel. Es ist nicht das Ich, das diese Schranken errichtet, vielmehr stellen sie die Form dar, in der das sich entfaltende Wachstum der Seele sich in Scheu und Verschwiegenheit schützt, in Abstand und Kühle, in Zurückhaltung und Würde, bis es die vertikale Drehachse in sich selbst errichtet hat, die menschliche Innenbeziehung, die die sich entwickelnde äußere Beziehung zwischen Menschen aufwiegt. Nur wenn dies existiert, wenn dieser Zugang zu meiner Liebe zu mir selbst, wie ich bin, mich mit Glauben an mich selbst, wie ich bin, und mit Hoffnung auf mich selbst, wie ich bin, erfüllt, kann es eine Begegnung im numinosen Sinne des Wortes geben. Nur dann ist jemand anwesend, jemand, der Zugang zu seiner eigenen Vitalität hat, durch den Reaktionen tönen und Blut-Gefühl antwortet; alles ist da – ohne Flucht-oder-Kampf-Reaktion und ohne Neugier.

Die Abwärts- und Einwärtsbewegung soll uns im nächsten Kapitel besonders beschäftigen, dessen Thema die Wirklichkeit des Unbewussten ist. Die menschliche Begegnung, als die erste Stufe der Beratungsarbeit, führt zu der inneren Verbindung innerhalb des Beraters und des Beratenen. Die innere Verbindung führt auch zu dem allgemeinen Problem, was „innen" sei, das heißt zu der Frage nach dem Wesen des Unbewussten. Die restlichen Seiten sind der Erforschung dieses inneren Raumes vorbehalten.

II.

Das innere Leben: Das Unbewusste als Erfahrung

Der Ort, den die Analyse und die Theologie gemeinsam haben, ist die Seele. Aber die Seele ist ein „Nicht-Ort", denn weder in der Theologie noch in der dynamischen Psychotherapie gilt ihr das Hauptinteresse. Die eine widmet sich Gott und Seinen Absichten, die andere untersucht den Menschen und seine Motivationen, während der Platz dazwischen allzu oft unbetreten bleibt. Dieses Vakuum, wo Gott und Mensch sich nach der Tradition begegnen sollten, ist zum Niemandsland geworden, wo sich Analytiker und Geistlichkeit gegenüberstehen.

Schon steigen semantische Wolken auf: die Worte „Mensch", „Seele", „Gott" werden von den Psychologen ziemlich naiv gebraucht, ohne jenen immensen kritischen Apparat, den geschulte Theologen zum Tragen bringen können. Spreche ich von Gott, der dem Menschen in seiner Seele begegnet, dann beziehe ich mich auf das Bild Gottes, das die Psyche hat, auf das Gottesbild als von einer Person gewusst, erfahren, gefühlt, intuiert, gespürt, dargestellt oder formuliert. Dieser „Gott" ist in erster Linie eine Erfahrung, in zweiter Linie ein Begriff. Dieses Bild oder dieses Erlebnis Gottes ist nicht einzeln, noch ist es gleich. Es unterliegt im Leben jedes Einzelnen Veränderungen und unterscheidet sich bei verschiedenen Menschen weitgehend. Die Verschiedenartigkeiten der göttlichen Erfahrung können zu psychologischen Vergleichen führen, die wiederum zu der theologischen Behauptung hinführen können, dass manche dieser Bilder echte sind und manche Verzerrungen. Manchmal fehlt die Gotteserfahrung, manchmal ist sie eine begriffliche Abstraktion, manchmal ist das Göttliche auf Bilder und Erlebnisse übertragen, die üblicherweise nicht als heilig gelten würden. Häufig – und das ist von nicht geringem theologischen Interesse – wird das Bild und die Erfahrung Gottes stärker verzerrt und verschoben, wenn die Person psychologisch stärker gestört ist. Daher scheint es dem Psychologen, als ob das Erlebnis Gottes, ebenso wie sein Bild, sich weiterhin ohne jede Begrenzung in und durch die Seele offenbarte, jenseits der Einschränkung irgend eines Dogmas. *Ein* solches Bild und Erlebnis ist die kollektive Repräsentation, die wir alle in unserer Gesellschaft teilen. Das ist der Gott, der dem Bischof von Woolwich, John Robinson, missfällt, der, der hoch da oben thront, der Weihnachtsmann der Kinder, der alte Pappa Dharma auf der Wolke, den der Überschall-Rummel und die Raumfahrer in ihrer schimmernden Rüstung bedrohen.

Wir wollen aber die Probleme, die John Robinson und sein „Gott ist anders"[3] aufwerfen, auf später verschieben. Merkwürdigerweise ist „die Seele" als Erlebnis und als Bild schwieriger zu erklären. Als Ausdruck ist sie aus der zeitgenössischen Psychologie fast verschwunden. Sie hat einen altmodischen Klang, als brächte sie das Echo von Bauern an den keltischen Grenzen mit sich, oder erinnerte an wiedergeburtsgläubige Theosophen. Vielleicht wird sie von Landgeistlichen und in Seminardiskussionen über die Philosophie der Kirchenväter als rudimentäres Organ am Leben erhalten. Aber im Alltag des Lebens kommt sie schon kaum mehr vor – wer sehnt sich noch mit Leib und Seele? Wer legt seine ganze Seele in etwas? Welches Mädchen hat seelenvolle Augen, welcher Mann eine große Seele, welche Frau ist eine „gute alte Seele"? „Seele" ist der letzte übriggebliebene unpassende Ausdruck, der unter denen, die „dazugehören" wollen, nicht erwähnt werden darf.

---

3. Vgl. a. a. O.

Auf den Seiten 43 bis 47 meines Buches *Selbstmord und seelische Wandlung*[4] findet sich eine Amplifizierung dessen, was ich unter „Seele" verstehe. Es ist vielleicht nützlich, eine oder zwei meiner Feststellungen zur Orientierung zu wiederholen:

> Das erste, was ein Patient von seinem Analytiker erwartet, ist, ihm seine Leiden schildern zu können und ihn in seine Erlebnisse einzubeziehen. Erfahrungen und Leiden sind Ausdrücke, die schon immer mit der Seele verbunden worden sind. „Seele" ist jedoch kein wissenschaftlicher Begriff, und das Wort findet sich sehr selten in der heutigen psychologischen Literatur … (Seite 31).

> Die Ausdrücke „Psyche" und „Seele" meinen das gleiche; es ist aber heute eine deutliche Tendenz festzustellen, der Mehrdeutigkeit des Wortes Seele dadurch auszuweichen, dass man den biologischeren, modernen Ausdruck Psyche benutzt. „Psyche" wird mehr im Sinne einer natürlichen Begleiterscheinung des psychischen Lebens verwendet, aus dem sie möglicherweise sogar hervorgeht. Beim Wort „Seele" hingegen schwingen metaphysische und romantische Untertöne mit. Es grenzt an den religiösen Bereich (Seite 34).

> Unser Hinhorchen in das Wort „Seele" hat gezeigt, dass wir es hier nicht mit etwas zu tun haben, das definiert werden kann. „Seele" ist daher weniger ein Begriff als vielmehr ein Symbol. Symbole können bekanntlich nicht völlig in ihrem Sinngehalt ausgeschöpft werden, und daher können wir das Wort auch nicht in eindeutiger Weise verwenden. Auf alle Fälle hat es mit jenem unbekannten menschlichen Faktor zu tun, der sinnhaftes Erleben möglich macht, Geschehenes in Erlebnis verwandelt und über den wir in der Liebe miteinander in Verbindung treten. *Bei der Seele haben wir es genauso mit einem mehrdeutigen, sich jeder Definition entziehenden Sachverhalt zu tun wie bei anderen, auf „Letztes" hinweisenden Symbolen* … (Ebd.).

Heute möchte ich noch ein weiteres kennzeichnendes Attribut der Seele hinzufügen: sie ist es, die „sinnhaftes Erleben

4. Zürich 1966.

möglich macht, Geschehnis in Erlebnis verwandelt, über die wir in der Liebe miteinander in Verbindung treten – *und die ein religiöses Bedürfnis hat*".

Ich hoffe im Weiteren zeigen zu können, wie die Tiefenanalyse zur Seele hinführt und dass dies wiederum die Analyse unvermeidlicherweise in die Religion mit hinein bezieht und selbst in die Theologie, während gleichzeitig die lebendige Religion, die erlebte Religion ihren Ursprung in der menschlichen Seele hat und damit ein psychologisches Phänomen ist.

Die Anthropologen schildern einen Zustand bei „primitiven" Völkern, der als „Verlust der Seele" bezeichnet wird. In diesem Zustand ist ein Mensch außer sich, ist nicht imstande, sowohl die äußere Beziehung zwischen Menschen noch die innere zu sich selbst zu finden. Er ist unfähig, an seiner Gemeinschaft, an ihren Ritualen und Traditionen teilzunehmen. Sie sind für ihn tot, er ist tot für sie. Seine Verbindung zur Familie, zum Totem, zur Natur sind aufgehoben.

Bis er seine Seele wiedergewinnt, ist er kein wirklicher Mensch. Er ist „nicht da". Es ist gerade so, als wäre seine Initiation nie vollzogen worden, als habe er nie einen Namen erhalten, wäre nie ins wirkliche Sein getreten. Seine Seele kann nicht nur verloren gegangen sein, sie kann auch besessen sein, verhext, krank, in einen anderen Gegenstand, ein Tier, einen Ort, einen anderen Menschen versetzt sein. Ohne diese Seele hat er das Gefühl der Zugehörigkeit und das Gefühl, in Gemeinschaft mit den Mächten und Göttern zu stehen, verloren. Sie erreichen ihn nicht mehr; er kann weder beten, noch opfern, noch tanzen. Sein persönlicher Mythos und seine Verbindung zu dem größeren Mythos seines Volkes als *raison d'être* ist verloren. Doch ist er nicht körperlich krank oder wahnsinnig. Er hat nur einfach seine Seele verloren. Er kann sogar sterben. Wir unsererseits vereinsamen. Andere bedeutsame Parallelen zu uns selbst in der heutigen Zeit brauchen nicht besonders benannt zu werden.

Ich habe eines Tages in einer berühmten Züricher Klinik beim Interview mit einer Patientin zugehört. Sie saß im

Rollstuhl, da sie ältlich und schwach war. Sie sagte, sie sei tot, da sie ihr Herz verloren habe. Der Psychiater forderte sie auf, ihre Hand auf die Brust zu legen, um ihren Herzschlag zu fühlen; es musste noch da sein, wenn sie es schlagen fühlte. „Das ist nicht mein wirkliches Herz" sagte sie. Sie und der Psychiater sahen einander an – es gab nichts mehr zu sagen. Wie der Primitive, der seine Seele verloren hat, hatte sie die liebevolle, mutige Verbindung zum Leben verloren – und sie ist das wirkliche Herz, nicht der Mechanismus, der ebenso gut isoliert in einem Glasgefäß pulsieren könnte.

Das ist eine andere Ansicht von der Realität als die übliche. Sie ist so radikal anders, dass sie als Teil des Syndroms der Geistesgestörtheit gilt. Aber man kann genauso viel Verständnis für die Frau in ihrer psychotischen Depersonalisation haben als für den Realitätsstandpunkt des Mannes, der sie zu überzeugen sucht, dass ihr Herz wirklich noch vorhanden ist. Trotz des hochentwickelten und reichlich mit Geld ausgestatteten Systems der medizinischen Forschung und trotz der Reklamefeldzüge der Gesundheits- und Erholungsindustrie, die uns beweisen wollen, dass das Körperliche das Wirkliche ist, und dass der Verlust von Herz und Seele nur geistige Vorstellungen sind, glaube ich dem Primitiven und der Frau im Hospital: wir können unsere Seele verlieren, und wir verlieren sie auch. Ich glaube mit C. G. Jung, dass jeder von uns der „moderne Mensch auf der Suche nach einer Seele" ist.

Weil die Seele verloren – oder zumindest zeitweilig abhandengekommen oder verwirrt – ist, waren die Geistlichen, die auf ein Problem der Seelsorge stießen, gezwungen, sich an den nächsten Nachbarn der Seele zu wenden, an den Geist. So wenden sich auch die Kirchen der akademischen und klinischen Psychologie zu, der Psychodynamik, Psychopathologie und Psychiatrie, im Bemühen, den Geist und sein Funktionieren zu verstehen. Das hat viele Geistliche dazu gebracht, seelische Schwierigkeiten als Nervenzusammenbrüche und die Heilung der Seele als Psychotherapie anzusehen. Aber der Bereich des Geistes – die Wahrnehmung, das Gedächtnis, die Geisteskrankheiten – ist ein Bereich für sich, eine andere Wohnung, die einem anderen Eigentümer gehört, der uns sehr wenig über die Person erzählen kann, die der Geistliche wirklich kennen lernen will: die Seele.

Vielleicht liegt hier eine Rechtfertigung für die alten Dogmatiker, die mit derartigen Ausflügen in klinische Ausbildung und Pastoral-Beratung nichts zu tun haben wollen. Sie sagen einfach: Der Pfarrer braucht keine Psychopathologie, um die Seele aufzufinden und etwas über ihre Leiden zu erfahren, den Logos ihres Pathos zu entdecken. Die Pfarrgemeinde, die Welt selbst, ist seine Klinik. Unsere Sorge und Aufgabe ist nicht der Geist mit seinen Mechanismen und Dynamismen, seinen Motivationen und Verdrängungen und frühen Erinnerungen, sondern es ist die menschliche Seele und ihre Beziehung zu Gott.

Trotz alledem verschmilzt die Ausbildung des Seelsorgers mehr und mehr mit klinischem Unterricht, da junge Geistliche, die sich auf höhere Positionen vorbereiten, einen Teil ihrer Ausbildungsverpflichtungen durch die Lektüre psychoanalytischer Literatur und durch die Arbeit in psychiatrischen Kliniken erfüllen. Das stimmt mit den Vorstellungen der neuen Theologie überein, wie ich sie einmal durch den Reverend Harry Williams als das definieren hörte „was in uns vorgeht". Aus seinen Bemerkungen entnahm ich, dass das, was im Essraum oder im Schlafzimmer zwischen Menschen vor sich geht, ebenso sehr Religion ist, wie das, was in der Kirche vor sich geht. Bischof John Robinson bestätigt diese Position, indem er sagt, dass Feststellungen über Gott letzten Endes Feststellungen über persönliche Beziehungen sind. Seit Jahrzehnten, seit Nietzsche Gott für tot erklärte und Freud die Religion als eine Illusion bezeichnete, hat die Psychologie ihren Bereich auf Kosten der Theologie erweitert und die Seele mehr und mehr als ihre Provinz beansprucht. Jetzt plötzlich liegt die Offensive im Kampf um die Seele bei den Theologen. Aber die Bedrohung ist nicht nur eine Angelegenheit der Frage des Obsiegens.

Wenn an Stelle des Letzten und Höchsten die innere Person tritt und an Stelle des Transzendenten das völlig Immanente, dann muss der Seelsorger in die Tiefen der Psyche steigen. Daher ist er verpflichtet, sich der Psychologie zuzuwenden. Die Verwirrung seiner Gemeinde, wie die der neuen Theologie, weisen beide in diese Richtung. Aber viel hängt davon ab, in welcher Weise der geistliche Berater sich der Tiefenpsychologie zuwendet, die ja – wie die Ausbildung des Analytikers selbst zeigt – notwendigerweise eine persönliche Begegnung mit dem eigenen Unbewussten ist und erst in zweiter Linie ärztliche Arbeit mit anderen oder ein akademisches Studium.

Auf alle Fälle wird die wuchernde Ausbreitung von „Mental Health Centres" [psychologisch-therapeutische Beratungsstellen, A.d.U.] mit ihren fachgerecht ausgebildeten Belegschaften, ihren Instruktionsmitteln, Gruppen-Zusammenkünften und vorzüglich gestaltetem Informationsmaterial, die die Psychologie mit dem tödlich ernsthaften Enthusiasmus einer neuen Religion verbreiten (einer Religion, die staatliche Unterstützungen erhält), uns nicht dazu verhelfen, die Seele zu finden. Wenn die Seele nicht von Anfang an dabei ist, wird sie nicht am Ende auftauchen. Ganz egal, wie gesund wir geistig werden, wir bedürfen noch immer einer Seele. Und wir können wahrlich fragen: Kann irgend jemand überhaupt über geistige Gesundheit verfügen, wenn sie nicht auf einer seelischen Erfahrung begründet ist?

Der Seelenverlust unserer Zeit betrifft uns alle. Die Priesterschaft macht dabei keine Ausnahme. Tatsächlich besteht das Problem vieler Geistlicher heute darin, die innere Beziehung zu ihrer Berufung zu finden und sie lebendig zu erhalten. Die vertikale Beziehung nach unten und innen zu den archetypischen Wurzeln der Berufung scheint verstümmelt oder verkrüppelt. Natürlicherweise sieht sich der Geistliche anderswo nach Hilfe um, wobei er Methoden ausleiht und imitiert, die bei anderen so gut zu funktionieren scheinen. Aber die Aufgabe des Beraters unterscheidet sich ihrem Wesen nach von der des Analytikers, des klinischen und auch des akademischen Psychologen. Und diese Tradition geht auf Jesus zurück, der Seelen auf viele Weisen heilte und für sie sorgte: durch Predigten, Wanderungen, Besuche, durch Geschichtenerzählen, Unterhaltungen, Streitgespräche, Berührungen, Gebete, in dem er mit anderen teilte, weinte, litt und starb – kurzum, indem er sein eigenes Geschick völlig lebte, getreu seinem Leben. Dass doch die Geistlichkeit der *imitatio christi* folgen wollte, statt die Psychotherapie nachzuahmen! Wird die *imitatio christi* vernachlässigt, dann sinkt sie ins Unbewusste und wirkt von hinten her als eine *identificatio christi.* Dann finden wir den Berater, der bewusstermaßen einer Imitation der klinischen Psychologie nachstrebt, aber unbewusst durch eines oder mehrere jener Christus-Bilder motiviert ist, von denen wir im ersten Kapitel sprachen. Das Gemeindemitglied weiß dann nicht, wo es steht, fühlt sich zugleich krank und sündig, sowohl rational mit einer Diagnose behaftet, wie irrational gefordert von einem geistlichen Berater, der zur gleichen Zeit so wissenschaftlich offen und doch so dogmatisch voll Gewissheit ist.

Das Gemeindemitglied kommt zum Pfarrer mit einer anderen Art von Erwartung, als die, die es dem Analytiker entgegenbringt. Die Aufgabe des Seelsorgers ist nicht dazu da, im modernen medizinischen Sinn zu heilen. Seine Aufgabe entspricht nicht der von Eltern; er ist nicht dazu da, väterliche Liebe zu spenden. Seine Aufgabe ist nicht einmal geistig in dem Sinne, dass er immer wissen müsste und ein Beispiel der Vollkommenheit und Weisheit wäre. Aber als ein Hirte, der die Seelen zu Gott führt, ist seine eine zentrale Aufgabe ohne Zweifel seine Hingabe an die Seele, die mit der Sorge um seine eigene beginnt. Nur der Mann, der von der Wirklichkeit der Seele überzeugt ist, kann andere überzeugen. Nur der, der von der seelischen Wirklichkeit erfasst ist, kann die Leiden der Seelen, die sich ihm vor die Füße werfen, erfassen. Nichts als seine tiefe Überzeugung von der Seele vermittelt das Gefühl der Seele, so dass das Problem der seelsorgerlichen Beratung heute mit dem Geistlichen selbst beginnt und mit seiner Beziehung zu seiner eigenen Seele.

Viele Geistliche sind sich dessen bewusst. Die Anzahl der Pfarrer und ihrer Familien, die in Analyse waren, nimmt zu, und der Druck auf andere, sich analysieren zu lassen oder „psychologische Hilfe zu suchen" intensiviert sich. Beim Geistlichen heute – und ich stelle mir vor, dass es bei jedem religiösen Menschen, der mit seinem Glauben ringt, immer so gewesen sein muss – besteht diese echte Bestürzung des Suchenden, in Verbindung mit seiner Berufung zu bleiben. Niemals war der Pfarrer wahrhaftiger einer seiner Herde, als wenn die Verlorenheit des Schafes der des Hirten gleichkommt. Die durch eine hundertjährige Krise erschütterte und verwüstete Theologie entdeckt die Seele von neuem, wobei die Psychologie in diesem Verknüpfungsprozess keine kleine Rolle spielt. Alle Probleme unserer Zeit finden sich auch in der Kirche: Alkoholismus, Ehebruch, Homosexualität, Psychopathie, Steuerhinterziehung, Selbstmord. Nichts schützt den Geistlichen mehr vor seinem selbstverzehrenden Zweifeln. Es ist schwer für ihn, sich zu verbergen. Aber gerade diese Erschütterung der Grundlagen hat dem einzelnen Geistlichen den Mut aufgezwungen, zu sein und die Begegnung mit sich selbst zu wagen. Die wirkliche Wiedervereinigung der Psychologie und der Religion findet weder im Dogma statt, noch auf ökumenischen Konzilen, noch in der Aktion; sie vollzieht sich in der Seele des individuellen Geistlichen, der mit seiner Berufung ringt. Man kann nur Ehrfurcht empfinden vor dem Ernst dieses Kampfes; wird man dessen Zeuge, so empfindet man, dass hier mehr konstelliert ist als bloß ein persönliches Problem. Etwas scheint in der Seele der Geistlichkeit vor sich zu gehen, das historische Bedeutsamkeit ahnen lässt.

Hier besteht eine Verbindung zwischen der Psychologie und der neuen Theologie. Unser Anliegen als Analytiker betrifft die Seele, den Menschen in seinem Mythos, in seinem Individuationsprozess, in seiner historischen Abhängigkeit. Gerade hier ist es auch, wo der Geistliche er selbst ist. Er ist heute, aufgrund der Unruhen in der Theologie und in seinem eigenen Berufsleben, in vieler Hinsicht offener als der psychologische Spezialist, der durch den Katechismus seiner dogmatischen Semantik festgelegt ist und hinter den schalldichten Türen der vornehmen Arzt-Praxen der großen Städte sitzt. Die neue Theologie, die neue Moral und die neue Reformation sind – trotz all ihrer fragwürdigen Psychologie, über die wir im weiteren sprechen wollen – wenigstens neu. Unglücklicherweise zeigt die Psychologie des Unbewussten manche kleinen Anzeichen der Erstarrung, nachdem sie nun ins achte Jahrzehnt seit ihrer Geburt in einem Wiener Ordinationsraum tritt. (Der komische Alte mit dem Bart auf heutigen Karikaturen stellt den Analytiker und nicht mehr den Geistlichen dar. Da dieser dem öffentlichen Auge entschwunden ist – außer wo er in populären Kreuzzügen die Fahnen trägt – und zum „unsichtbaren Mann“ wurde, wie es der Neger bis vor kurzer Zeit war, können wir erwarten, dass die Gesetze der Kompensation den Sieg davontragen und eine verwandelte Erscheinung des Geistlichen sich vorbereitet.) Das Bild des „Gottesmannes“ wird durch die Bilder im Schmelzkessel seiner individuellen Unruhe verändert. Weil er durch dick und dünn der Unruhe in seiner Seele treu bleibt, wird nicht nur die Theologie eine andere, sondern es entsteht auch eine neue Form der Seelsorge. Das ist die neue Pastoralseelsorge, die auf der Erfahrung des Beratenden mit und in sich selbst beruht. Sich den psychologischen Wandlungen, die im Inneren bewirkt werden, zu unterwerfen, ist eine so heroische Aufgabe wie nur irgendeiner der heutigen Kreuzzüge der Kirche zum Dienst an der Welt. Die individuelle Aufgabe ist stets erschüttert von Ungewissheit; ihr Weg führt durchs Dunkel, und ihr Lohn kommt spät.

So ist das Problem, die Seele wiederzufinden, so brennend wie vielleicht kein anderes. Der Standort Gottes, die Bedeutung der Liebe, die Rolle des geistlichen Beraters in der Gemeinde und all das andere sind sekundäre Fragen. Der, der seine Seele verloren hat, wird Gott überall finden, in der Höhe und in der Tiefe, hier drinnen und dort draußen, er wird sich an jeden Strohhalm der Liebe klammern, den der Wind an seiner Türe vorübertreibt, wo er steht und auf ein Zeichen wartet. Ohne ein gewisses Gefühl für das Seelische herrscht natürlich weitgehende Verwirrung in Dingen der Moral, Unsicherheit im Handeln, fallen Entscheidungen, die zwar logisch richtig aber psychologisch ungültig sein müssen. Daher sollten wir, ehe die Psychologie und die Religion darüber streiten, wem die Seele gehört, uns erst gemeinsam auf die Suche nach ihr begeben.

Nach der Aussage mancher Religionslehren findet sich die Seele weder in den Sakramenten, noch in der Liturgie, noch im Ritual. Selbst in den Kirchen und Synagogen ist sie nicht anwesend. Sie sind zu Gemeindezentren geworden, die fast jedes Bedürfnis erfüllen, außer dem der Seele. Die traditionellen Orte – so behaupten viele einflussreiche Religionsbekenntnisse unserer Tage – sind aller Seele entleert; und selbst Gott, von dem Schweitzer, Bultmann und Barth erklären, er sei nicht mehr unter uns, ist aus den Tempeln bis zur äußersten Peripherie, in sein eigenes Lambarene, verjagt worden.

Aber während die Kirchen sich leerten, füllten sich die Krankenhäuser, und die Tiefenpsychologen, vor allem C. G. Jung, schienen inmitten ihrer Arbeit auf die Seele und ein lebendes Gottesbild zu treffen. So schaut die Theologie heute in eine andere Richtung, die eine lange religiöse Tradition besitzt. Sie wendet sich nach innen, hinunter zum „Seinsgrund“. Wenn dies die neue Richtung ist, dann muss man zuallererst nach dem Unbewussten suchen, denn sein phänomenologischer Ort ist ja unten und innen. Das könnte die richtige Spur sein, und andere bewegen sich schon in ihrer Richtung. Die Tiefenpsychologie, der Existenzialismus und die Art der neuen Theologie weisen alle in die Tiefe. Wie Reverend Otis Maxfield sagt, ist die neue Mystik eine Mystik des Abstiegs; sie ist kein Aufstieg zum siebenstufigen Berg, zu den Gipfeln des Carmels oder Zions. Oder vielleicht ist – wie Jung das ausdrückt – der Weg hinauf der Weg nach unten und der Weg nach unten der Weg hinauf.

Wir dürfen aber nicht dem Irrtum verfallen, dass es wenig

Unterschied ausmacht, ob die Reise hinauf oder hinunter geht. Wenn wir entdecken, dass der Ort der Seele – und die Erfahrung Gottes – unten und innen im Dunkel liegen, dann müssen wir mit einer gefährlichen Reise rechnen. Die tiefer gelegenen Positionen (das Dunkel, das Niedere, das Tiefe) sind das Reich des Teufels und seiner Dämonenschar. Der Weg des Abstiegs bedeutet den Weg durch das Labyrinth, und selbst die theologische Tradition sagt uns, dass der absteigende Pfad eine Begegnung mit all den Dingen bedeutet, die durch die Jahrhunderte nach unten verwiesen worden sind: mit der Materie, dem Körper, dem Weibe, dem Bösen, der Sünde, dem Unterleib, der Leidenschaft. Das ist natürlich der klassische Weg der Analyse: die Rückkehr zum Verdrängten. Der Abstiegsweg kann eine Begegnung mit dem „Seinsgrund" bringen, aber Dante, der die gleiche Reise unternahm, fand auch andere Dinge. Daher wird es uns nicht gelingen, zu der Seele und ihrer Gotteserfahrung zu gelangen, außer wir gehen den Weg über das Unbewusste, was nicht weniger bedeutet als eine Begegnung mit den Sünden und Übeln, mit all den Verwirrungen der Möglichkeiten, die der bewussten Kultur ferngehalten wurden. Das sind die Schatten, die über der Beratung liegen. Die Besonderheiten des Abstiegs werden wir in den beiden letzten Kapiteln besprechen.

So ist das Unbewusste also das Tor, das wir durchschreiten, um die Seele zu finden. Durch das Unbewusste werden gewöhnliche Ereignisse plötzlich zu Erlebnissen und nehmen dadurch Seele an; durch es wird der Sinn wieder lebendig, indem Gefühle aufgerührt werden. Und es ist der Weg, auf dem viele Menschen zur Liebe und zur Religion gefunden und ein sicheres Gefühl für die Seele erworben haben. Das bestätigt sich in der analytischen Praxis immer wieder. Aber um im Unbewussten nach der Seele zu suchen, ist es notwendig, erst das Unbewusste zu entdecken. Und da Finden Erkennen heißt, müssen wir den einfachen empirischen Grund, die Basis dessen durchforschen, wie wir eigentlich erkennen, dass es „so etwas" wie ein Unbewusstes gibt.

Durch Argumente, Lektüre oder irgendwelchen direkten

Beweis werden wir weder seine Existenz noch auch die Existenz der Seele begründen können. Wir stolpern über es, wir stolpern über unsere eigenen unbewussten Seelen.

Die klassischen Nachweise des Unbewussten gehören alle der Kategorie des „Stolperns" an. Das Unbewusste lässt sich nicht logisch beweisen. Man hat die Vorstellung eines unbewussten Geisteslebens für einen logischen Widerspruch gehalten; denn was ist Geist wenn nicht Bewusstheit? So ist der Beweis des Unbewussten nur aus der Empirie möglich; es ist eine Hypothese, eine Schlussfolgerung aus der lebendigen Erfahrung. Lassen Sie uns einige der klassischen Beweise für die Existenz eines Unbewussten kritisch ansehen. Es lohnt sich, da dieses Wort so häufig im zeitgenössischen Schrifttum Verwendung findet, dass der Leser zeitweilig das Gefühl hat, dass hier dem wahren Sachverhalt ausgewichen wird, und dass die Psychologen anstelle von Geistern und Göttern ein hypostasiertes Dichtwerk aufgebaut haben. Dass es sich nicht um eine Dichtung handelt, werden wir jetzt sehen. *Vergessen und Erinnern* zeigen uns, dass der Geist etwas verlieren und es doch nicht verlieren kann; der Geist speichert es einfach irgendwo und bringt es dann wieder hervor. Jenseits dessen, was im Wohnzimmer sichtbar ist, gibt es noch eine Dachkammer und einen Keller voll angehäufter Erlebnisse, die mehr oder weniger zugänglich sind, zumindest aber potentiell bewusst, selbst wenn sie im Augenblick nicht bewusst sind. *Die Gewohnheit* ist noch so ein Beweis für das „Stolpern". Wir fahren unseren Wagen, rauchen eine Zigarette, benutzen ein Messer, um Brot zu schneiden, wobei wir diese Handlungen teils bewusst, teils unbewusst ausführen. Wie viel an der Gewohnheit unbewusst ist, erkennen wir erst, wenn wir stolpern, wenn die Zigarettenasche auf den Boden fällt oder das Messer den falschen Weg nimmt, wenn wir bemerken, was wir tun. *Fehlleistungen,* z. B. das Sich-Versprechen – oder was Freud die Psychopathologie des Alltagslebens nannte – beweisen weiterhin, dass wir nicht allein in uns selbst sind, dass die Ich-Persönlichkeit nicht alles beherrschen kann, dass wir zu unserer Beschämung gerade das Falsche sagen oder ein Wort verdrehen können, so dass es eine völlig andere Bedeutung annimmt. Das ist eine Angst, die jeder kennt, der Vorträge halten oder predigen muss. Plötzlich stoßen wir aufs Unbewusste.

Ein anderer klassischer Beweis für die Existenz des Unbewussten ist das *Assoziations-Experiment.* Zu Beginn dieses Jahrhunderts, als C. G. Jung Assistent an der Psychiatrischen Anstalt Burghölzli war, experimentierte er mit Wortassoziationen, einer Untersuchungsmethode, die Wundt in Deutschland schon früher in manchen Einzelheiten verwendet hatte. Jung aber wandte die Versuche bei seinen Patienten an und stieß dabei auf einige bemerkenswerte Tatsachen hinsichtlich der Psyche. Er fand, dass Menschen, die man auffordert, in kürzest möglicher Zeit das erste Wort zu sagen, das ihnen in den Sinn kommt, während eine Reihe von hundert Worten laut vorgelesen wird, dabei stockten und zögerten. Gewisse Worte brauchten eine übermäßige Anzahl von Sekunden, andere wurden festgehalten, wiederholt, und niemand konnte einfach die hundert Worte durchstehen, ohne Störungen in der Assoziation zu zeigen. Der Brennpunkt der Aufmerksamkeit, die Ich-Kontrolle des Subjekts, war abgelenkt, irgend etwas kam dazwischen. Bei der Überprüfung der Worte, die zu dieser Störung führten, fand Jung, dass sie auf merkwürdige Weise miteinander in Verbindung zu stehen schienen; sie bildeten ein Flechtwerk von Bedeutungen, wie etwa Braut, weiß, Furcht, Mutter, Tod; er prägte das Wort „Komplex“, um dieses Bündel gefühlsbetonter Vorstellungen zu beschreiben, die Teil unserer psychologischen Struktur sind, und die nicht gänzlich unter der Herrschaft des Bewusstseins stehen. Durch seine eigene unabhängige Forschung war er auf experimentellem Wege auf das Unbewusste gestoßen und war daher einer der ersten, der Freuds Hypothese einer unbewussten Gedankentätigkeit erfasste.

Die Komplexe können sich derart von der Ich-Persönlichkeit und sogar voneinander abspalten und soviel Stärke und Form an sich ziehen, dass sie zu unabhängigen Persönlichkeiten werden. Dann sehen wir eine weitere klassische Demonstration des Unbewussten: *die multiple Persönlichkeit.* Bekannt sind die Fälle von Morton Prince und den „Drei Gesichtern Evas", wie auch die merkwürdige Persönlichkeitsspaltung bei Trancezuständen von Medien. Können wir hier nicht wieder die Seele in der Verkleidung des Unbewussten finden? Wenn es multiple Persönlichkeiten gibt, sprechen wir da nicht in traditioneller Sprache von einer Vielfältigkeit der Seele oder von einer Seele, die von Dämonen besessen oder in Teile gespalten ist, die sich in der Brust des Menschen bekämpfen. Die Dissoziation der Komplexe und ihre extreme Unbewusstheit führen zum Geisterglauben, zu dem Erlebnis, dass Teile von einem selbst als Geister oder teilweise reale Persönlichkeiten nach draußen projiziert werden. So können wir von einer Seele sprechen, die auf Grund ihrer Unbewusstheit von Geistern heimgesucht ist.

Wir können aber Komplexen ohne Zuhilfenahme des Assoziationsexperiments, ohne Wahrheits-Tests (deren Grundlage das Assoziationsexperiment war) begegnen. Wir stolpern täglich über unsere Komplexe. Das Unbewusste ist immer unmittelbar gegenwärtig. Beim Betreten eines Raumes fällt unser Auge auf einen Menschen, den wir fürchten, auf jemanden, dem wir Geld schulden, auf eine Frau, die wir einmal geliebt haben – und unser ganzer Habitus, unsere Haltung, unser Gesichtsausdruck verändern sich. Es kann sein, dass ein Name aus unserem Gedächtnis schwindet, dass wir erröten oder zittern. Die Stimme wird zum Flüstern oder hebt sich zu nasalen Tönen. Wir sagen etwas, was wir nie zu sagen beabsichtigten. Alle diese Ereignisse passieren uns ohne bewusste Absicht. In Gesellschaft ist man beständig der Gnade des Unbewussten und seiner Komplexe ausgeliefert, während man sich bemüht, Eindruck zu machen, versucht sich zurückzuziehen, seine törichten Forderungen stellt. Die Komplexe beherrschen in hohem Ausmaß unsere Reaktionen, besonders die kompensatorischen, unangemessenen.

Außerdem brauchen wir noch nicht einmal in Gesellschaft

zu sein, um des Unbewussten einsichtig zu werden. Jedesmal, wenn uns eine Laune, eine *Stimmung* ergreift, sind wir ihm begegnet. Stimmungen treten ungebeten ein und bewirken und verändern innere Zusammenhänge. Ein Zeichen der Aktivierung des Unbewussten ist der Umschwung und die Verlagerung der Stimmung. Nicht nur das von Augenblick zu Augenblick eintretende Aufbrausen, Anfälle von Empfindlichkeit, Gereiztheit, Wutanfälle, die wir uns vor unseren Frauen und Kindern gestatten (und die wir ihnen nicht erlauben möchten), sondern Stimmungen des Unbewussten beherrschen die tiefere Grunddünung des Rhythmuswechsels, Perioden schöpferischer Ausweitung, verlängerter Traurigkeit und Apathie, von Langeweile, Leere und Sehnsucht. Und behaupten wir, den Begriff der Stimmung und des Gefühls von dem des Unbewussten unterscheiden zu können, und diesen wiederum von dem der Seele, so begegnen wir ungeheuren Schwierigkeiten; denn schon immer, seit der Antike, waren die Vorstellung von Gemütsbewegungen und von der Seele innig verflochten und sind es noch heute. Die Suche nach der Lokalisierung der Seele im Körper war immer verbunden mit der Suche nach dem Sitz der Empfindungen. Warum sind Gefühl und Seele so eng miteinander verknüpft? Hauptsächlich weil die Erfahrung der Seele und die Erfahrung der Gemütsbewegung gleich sind. Es ist das Gefühl, das uns den übertriebenen Sinn für die Seele, die Ehre, für Verletztheit, Angst, für unsere eigene Person einflößt. Im Gefühl werden wir uns bewusst, dass wir nicht allein in uns selbst sind, dass wir uns nicht ganz und gar unter Kontrolle haben, dass es da noch einen anderen gibt, wenn es auch nur ein unbewusster Komplex ist, der auch etwas – und häufig sehr viel – über unser Verhalten zu sagen hat. So ist auch das Auffinden der Seele durch das Unbewusste eine Entdeckung, in die wir hineinstolpern. Wir „verfallen" in Stimmungen, Launen, Affekte, und entdecken eine neue Dimension, die uns, so sehr wir wünschen, sie los zu sein, hinab in die Tiefen unserer selbst führt.

Je tiefer man in das eigentlich Wesenhafte seiner selbst

eindringt, desto mehr fühlt man, dass persönliche Probleme eine allgemein menschliche Dimension annehmen und dass die wesentlichen Wahrheiten in Bezug auf einen selbst allgemeingültig werden, ganz wie die Aussagen der Theologie. Man hat den Eindruck, dass die Tiefenanalyse zu einer seltsamen, dunklen Mitte hinführt, wo es schwierig wird, das Unbewusste von der Seele und vom Bilde Gottes zu unterscheiden.

Aus diesem Grunde, und nicht wegen irgendwelcher eigenbrödlerischen theologischen Interessen, geraten Analytiker so tief in religiöse Probleme. Wir sind nicht missratene Priester, die ihre Berufung verfehlt haben. Die Seele ist so verflochten mit dem Unbewussten, und die Probleme der Religion sind so lebenswichtig für die Seele, dass wir, ob wir wollen oder nicht, zu Aussagen über Gott kommen, einfach weil wir Zeugen der bestürzten Entdeckung Seines Seins innerhalb einer Analyse werden. Wenn Jung behauptet, dass die Psyche eine natürliche religiöse Funktion hat, dann will er nicht Proselyten für eine natürliche Religion, noch für irgendwelches religiös begründetes Interesse werben, selbst wenn heute viele Jung benutzen möchten, um schwankende Überzeugungen zu festigen.

Die natürliche religiöse Funktion ist dem Prozess der Analyse selbst inhärent. Die Art, in der die Analyse einen Menschen wandelt, und der Beweis für diese Wandlung (als „Heilung") entsprechen Grundformen der Religion in erstaunlicher Weise. Um diesen Prozess in kürzester Form zu charakterisieren: die Analyse beginnt mit einer Einkehr nach innen und mit einer Selbstreinigung. Diese langwährende labyrinthische Arbeit führt häufig zu einer Offenbarung der Wahrheit und zu einer neuen Einsicht in sich selbst mit Haltungsänderungen, die durch eine Sprache der Erneuerung, der Konversion, der Wiedergeburt zum Ausdruck gelangen. Schließlich wird dies bezeugt und im gelebten Leben bewiesen. Daher wendet sich der Analytiker an die Religion, um die Phänomene seiner eigenen Arbeit adäquat zu verstehen.

Das Unbewusste verrät sich auch in *Symptomen:* nicht nur in den Symptomen des Affekts, der gespaltenen Persönlichkeit, des Vergessens und Versprechens, nicht nur in den psychologischen Symptomen, sondern auch in körperlichen, für die im organischen System kein Grund besteht, kein Zeichen, keine Spur oder logische Ursache. Mehr noch, es gibt Symptome, die organisch nachweisbar sind, aber psychogene Symptome genannt werden. Sie werden natürlich nicht von der bewussten Persönlichkeit verursacht, nicht durch das, was wir wollen, sondern durch die unbewusste Persönlichkeit.

Dass diese Symptome zur Entdeckung der Seele führen können, ist heute keine ungewöhnliche Feststellung mehr. Ich spreche auch nicht von den „Reader's Digest"-Wundern der Sorte: „Wie meine Kopfschmerzen mich zu Gott führten". Aber eine längerwährende Beschäftigung mit dem Leiden, mit der Inkarnation seiner selbst im Fleisch, das anscheindend grundlos gequält wird, geschlagen zu sein wie Hiob, obgleich man gottesfürchtig war, so gut man nur konnte, ist eine demütigende, eine die Seele erweckende Erfahrung. Symptome demütigen: sie relativieren das Ich. Sie entmachten es. Symptomheilungen können unter Umständen bloß das Ich wieder in seine frühere herrschende Position einsetzen. Die Demütigung der Symptome ist einer der Wege zur Demut – das traditionelle Kennzeichen der Seele. Wir reden viel von der Demut, aber wir sagen wenig darüber aus, wie sie zustande kommt. Sie kann nicht einfach eingeschaltet werden, da sie kein Akt des Ichs ist. Es gibt aber etwas wie positive Demütigung, die keine Ablehnung ist, die nicht masochistisch ist, die kein „Brechen" der Persönlichkeit darstellt, die aber der religiösen Demut so nah kommen kann, als wir das überhaupt kennen.

Da die Symptome zur Seele führen, kann die Heilung von Symptomen unter Umständen auch die Seele wegkurieren, kann gerade das vertreiben, was sich eben zu zeigen beginnt, zuerst gequält und nach Hilfe, Trost und Liebe rufend – was aber nichts anderes als die Seele in der Neurose ist, die versucht, gehört zu werden, Eindruck auf den dummen und eigensinnigen Geist zu machen, der wie ein steriler Maulesel darauf besteht, seinen unveränderten, widerspenstigen Weg zu gehen. Die richtige Reaktion auf ein Symptom könnte ebenso gut ein Willkommen sein, statt Klagen und Forderungen nach Heilmitteln, denn das Symptom ist der erste Vorbote der erwachenden Seele, die keinen weiteren Missbrauch mehr dulden will. Durch die Symptome fordert die Seele Aufmerksamkeit. Aufmerksamkeit bedeutet Zuwendung, bedeutet Fürsorge, eine bestimmte pflegende Sorge, ebenso wie Abwarten, Zeit haben, Zuhören. Es bedarf einer Spanne Zeit und einer Anspannung der Geduld. Was jedes Symptom fordert, ist genauso Zeit und pflegende Fürsorge und Aufmerksamkeit. Gerade diese gleiche Haltung ist es, deren die Seele bedarf, um gefühlt und gehört zu werden. So ist es oft nicht verwunderlich, dass es zu einem Zusammenbruch, zu einer tatsächlichen Krankheit kommen muss, damit jemand das außerordentlichste Erlebnis, zum Beispiel eines neuen Zeitgefühls, der Geduld und des Wartens berichten kann; in der Sprache der religiösen Erfahrung hieße das: zur Mitte gelangen, zu sich selbst kommen, loslassen und heimkehren.

Die Alchemisten hatten ein ausgezeichnetes Bild für die Umwandlung von Leiden und Symptom in einen seelischen Wert. Eines der Ziele des alchemistischen Prozesses war „die Perle von hohem Wert". Die Perle nimmt ihren Anfang in einem Sandkörnchen, einem neurotischen Symptom oder einer neurotischen Klage, einem störenden Reiz im geheimen inneren Fleisch, vor dem keine abwehrende Schale einen schützen kann. Das wird nun mit einer Schicht überzogen, wird Tag um Tag bearbeitet, bis das Körnchen eines Tages eine Perle ist. Aber nun muss es noch aus der Tiefe gefischt und losgebrochen werden. Wenn das Körnchen zurückgewonnen ist, wird es getragen. Es muss auf der warmen Haut getragen werden, um seinen Glanz zu behalten: der eingelöste Komplex, der einst Leiden verursachte, wird als Tugend den Blicken der Öffentlichkeit ausgesetzt. Der durch das okkulte Werk gewonnene esoterische Schatz wird zur exoterischen Herrlichkeit. Vom Symptom befreit zu werden, bedeutet, die Chance preiszugeben, das zu gewinnen, was eines Tages von höchstem Wert sein könnte, selbst wenn es zuerst ein unerträglicher Reiz ist, niedrig und verhüllt.

Aber die wichtigste Art, in der wir auf das Unbewusste stoßen, die *via regia,* wie Freud es nannte, ist der *Traum.* Der Traum ist selbst ein Symbol; das heißt, er vereint in sich selbst das Bewusste und das Unbewusste, indem er Gegensätze und Unvereinbares zusammenbringt. Einerseits Natur: natürliche, spontane, unwillentliche, objektive psychische Inhalte und Prozesse. Andererseits Geist: Worte, Bilder, Gefühle, Grundverhaltensmuster und Strukturen. Er ist eine sinnlose Ordnung oder eine strukturierte Unordnung. Jede Nacht wird von der unbewussten Seite der Psyche die Brücke geschlagen. Jeden Morgen leben wir, während wir noch im Traum sind, für einen oder zwei Augenblicke das Symbol, leben es in existentieller Wirklichkeit, sind in ihm geeint, in Einklang mit dem Leben, wie wir in diesem Augenblick sind. Dieser Zustand ist schwer aufrechtzuerhalten. Die Hast des Tages zieht das Ich mit sich fort. Der bewusste Pol der Psyche lässt sein Brückenende fahren. Wir stolpern über unsere Träume – oft genug nur, um sie beiseite zu stoßen. Die klassische Jungianische Einstellung gegenüber dem Traum wird in einem Terminus vorzüglich ausgedrückt, den ich gerne von den Existenzanalytikern ausleihen möchte. (Die Existenzialisten haben eine Art und Weise, mit Worten umzugehen, und können häufig einer Sache, die alle Analytiker seit Jahrzehnten tun, eine Wendung und einen Schwung geben, die die Erregung einer neuen Entdeckung bewirken.) Der Ausdruck ist: sich mit einem Traum „befreunden". An ihm teilzuhaben, in seine Bilderwelt und Stimmung einzutreten, mehr über ihn wissen zu wollen, ihn verstehen, mit ihm spielen, leben, vertraut werden – wie man es mit einem Freund tun würde. Während ich mit meinem Traum vertraut werde, werde ich mit meiner inneren Welt vertraut. Wer lebt in mir? Was für innere Dinge gehören mir? Was wiederholt sich und was kommt daher immer wieder, um in mir zu hausen? Das sind die Tiere und Menschen, Orte und Dinge, die möchten, dass ich ihnen Aufmerksamkeit zuwende, dass ich freundlich und vertraut mit ihnen werde. Sie wollen gekannt sein, wie ein Freund das will. Sie möchten, dass man für sie sorgt und sich Sorge um sie macht. Diese Vertrautheit ruft nach einer gewissen Zeit in einem das Gefühl des Zuhauseseins und der Vereintheit mit einer inneren Familie hervor, das nichts anderes ist als die Verwandtschaft und Gemeinschaft mit sich selbst, mit einer tiefen Schicht dessen, was man auch als „die Blutseele" bezeichnen kann. Mit anderen Worten: die innere Beziehung zum Unbewussten führt wiederum zu einem Gefühl der Seele, zum Erlebnis eines inneren Lebens, eines Ortes, wo Bedeutungen ihr Heim haben. Indem diese Stücke und Teile, die zuvor unverbunden lebten, miteinander verknüpft, vertieft und ausgeweitet werden, beginnt diese bewohnbare Behausung des religiösen Lebens, über die wir zu Anfang sprachen, sich zu bilden. Die Gewohnheit, seine Träume zu betrachten, die die innere Welt bewohnbar macht, kann direkt innerhalb der Familie anfangen. Am Frühstückstisch kann man – ebenso gut wie darüber zu reden, was heute in der Schule los ist oder die Reklame auf den Kornflockenpaketen zu lesen oder zu telefonieren – ein Traumbild erwähnen, um dem Unbewussten einen Platz innerhalb der Familie einzuräumen, offen und in aller Einfachheit. Es besteht keine Notwendigkeit, den Traum eines Kindes zu deuten oder etwa jedem zu erklären, warum man dies oder jenes träumte. Es genügt, dass der Traum in Kontakt mit dem täglichen Dasein gebracht wird, dass die subjektive Realität des Traumes in die objektive Welt der Familie zugelassen wird, dass ihr stattgegeben, dass ihr Wert beigemessen wird. Deutungen und Erklärungen sind zu häufig Rationalisierungen; und warum sollte ein Kind veranlasst werden, sich seiner Träume zu schämen, das Gefühl bekommen, sie seien verrückt, unheimlich, böse. Der Sinn, der aus dem Traum erwächst, kann nicht der gleiche sein wie der, den der Geist des Ichs ihm gibt. Wäre die Deutung des Ichs schon alles, was an einem Traum ist, dann gäbe es kein Wachstum; es gäbe nur eine Zunahme des Ichs, eine neue *pax romana*, der sich alle andersartigen, uns fremden Elemente unterwerfen müssten. Nirgends ist der alte Spruch, dass „ein wenig Gelehrsamkeit eine gefährliche Sache ist“ angebrachter als bei der Traumdeutung. Geistliche Ratgeber scheinen das instinktiv zu erkennen und versichern immer wieder, dass sie „Träume in Frieden lassen“, als seien sie zu tief, zu schwierig, erforderten für ihre Deutung Spezialwissen und Ausbildung. Das ist sicher richtig; aber wenn der Geistliche ein Seelenhirte sein soll, wie kann er dann diese wesentliche Stimme der Seele unbeachtet lassen, sie für eine Botschaft halten, die nur von Freudschen oder Jungschen Experten oder von Psychiatern verstanden werden kann? Darum müssen wir auf andere Weise zum Traum gelangen, auf eine Weise, die nicht nur für Experten da ist. Wir brauchen eine einfache praktische Form des Zugangs, die am Frühstückstisch oder bei der Gemeindearbeit gilt.

Zuerst wollen wir uns darüber im klaren sein, dass wir nicht dem Ausspruch Freuds folgen werden: „Wo Es war, soll Ich werden.“ Dem Traum den Sinn des rationalen Geistes zu verleihen, hieße einfach, das Es durch das Ich zu ersetzen. Die Traumdeutung wird dann zu einem Herüberschleppen und -zerren des gesamten Materials von einer Seite der Brücke zur anderen. Das ist eine Haltung, die etwas vom Unbewussten haben will, die es benutzt, um Informationen zu gewinnen, Macht, Energie, die es um des Ichs willen ausnutzt: Mach es zum meinigen, mach es zum meinigen! Diese Haltung zerbricht das Symbol, das eine Vereinigung der zwei Seiten der Psyche ist. Sie möchte den Traum in etwas Bekanntes übersetzen, in ein Zeichen oder ein Etikett. („Dies hier ist ein Muttterersatz; jenes Tier ist der Sexualtrieb; die Hügel und Täler sind Kulissen, die für dein Kindheitsheim und deine infantilen Wünschen stehen.“) Derartige rationalisierende Deutungen bewirken tatsächlich, durch den Versuch, das Es durch das Ich zu ersetzen, eine Austrocknung des Unbewussten, verringern seinen Umfang, entleeren es – was alles feindselige Akte sind. So befreundet man sich nicht mit seinen Träumen. Wenn der Traum in irrationalen Inhalt und rationalisierten Sinn aufgespalten wird, dann wird er zur seelischen Spaltung. Der

Traum, der jeden Morgen die Gelegenheit bietet, unser geteiltes Haus zu heilen, wird entweiht und unsere Wunden bleiben offen – immer erneuerte feuchte Unordnung in der unteren Schicht, immer erneuerte trockene Ordnung oben. Dann wird das Unbewusste zu meinem Feind, der bearbeitet oder durch analytische Techniken günstig gestimmt oder von ausgeklügelten Beobachtungsstellen aus beobachtet und bewacht werden muss. Vor allem aber muss er entmachtet werden. Es gibt nun in der Tat Situationen, die der Traum als überwucherten Sumpf, als Panik unter Tieren, als Meer im Sturm, als eine unordentliche Küche widerspiegelt, wo rationale Klärung und ein klarer Kopf notwendig sind. Aber was wirklich zählt, das ist die Beziehung zu dem Traum, die teilweise aus der Haltung zum Traum herstammt.

Eine Freundschaft möchte ihre Beziehung offen und strömend erhalten. Daher ist das wichtigste bei diesem nicht-deutenden Umgang mit dem Traum, dass wir ihm Zeit und Geduld widmen, keine hastigen Schlüsse ziehen, ihn in keine Lösungen zwingen. Sich mit dem Traum zu befreunden, beginnt mit dem einfachen Versuch, ihm zuzuhören, auf einem Blatt Papier oder in einem Traum-Tagebuch mit seinen eigenen Worten genau das niederzuschreiben, was er sagt. Man achte besonders auf die Gefühlstönung des Traumes, auf die Stimmung beim Aufwachen, auf die Gefühlsreaktionen des Träumers im Traum, das Entzücken, die Angst oder das Erstaunen. Sich befreunden bedeutet die fühlende Hinwendung zum Traum, und so bemüht man sich, die Gefühle des Traumes zu empfangen, wie bei lebendigen Menschen, mit denen man eine Beziehung beginnt.

Dann muss man genau auf das achten, was der Freund sagt, über wen er spricht und wo das alles vor sich geht. Gewöhnlich beschränken sich Traumszenen auf wenige Figuren, häufig alles in allem vier, und daher ist es nur diese spezielle Botschaft, die übermittelt wird. Wenn ein paar Nächte lang nur Männer in meinen Träumen auftreten, dann weiß ich, dass mit meiner eigenen männlichen Seite etwas geschieht, dass diese Figuren alle verschiedene Weisen sind, ein Mann zu sein, dass jede eine besondere Gruppe von Eigenschaften verkörpert, eine Kombination, die einen hervortretenden Zug meiner eigenen Persönlichkeit repräsentiert. Eine ist besonders ehrgeizig, eine andere ist ein Fußballheld mit mächtigem Körperbau, eine dritte ist undeutlich und schlauäugig. Das alles sind Möglichkeiten, die mir offenstehen, Teile meiner selbst als Komplexe, die zu meinem Wesen gehören und mein Verhalten beeinflussen. Meine Träume können mich in königliche Gesellschaft erheben, mich in Flughäfen versetzen, bereit, jeden Augenblick auf und davon zu fliegen, können mich in unpersönlichen Hotelzimmern finden, weder hier noch dort, oder lassen mich über Skihänge gleiten, hell und gefroren auf meinen metallenen Schienen. Immer sagt der Traum: „Schau wo Du bist, mit wem Du bist". Und je häufiger sich die Motive, die Räume, die Personen wiederholen, desto mehr beharrt der Traum darauf, beachtet zu werden. Übersieht man einen Freund?

Und die Geschichte, die ein Freund erzählt, beginnt irgendwo, hat eine Mitte und kommt zu einem Ende, wie alle Geschichten und Dramen. So horche ich genau darauf, wo der Traum beginnt, denn das bezeichnet die Eröffnungsaussage der Absicht dieses Traumes, so wie im Theaterprogramm Zeit und Ort der Szenen angegeben werden: morgens an einem Tag der Kindheit oder nachts im Büro, nachdem alle gegangen sind, und nur ich und das Büro bleiben, oder in meinem ehelichen Schlafzimmer. Ich bemerke auch die Art, in der der Traum seine Verwicklungen aufbaut, um den Höhepunkt zu erreichen, der manchmal durch das Wort „plötzlich" bezeichnet wird; und dann hört er irgendwo auf, scharf abgeschnitten oder sich hinziehend, oder ich wache auf.

Obgleich es Jahre der Vertrautheit bedarf, um Träume gut zu deuten, da es sich hier wirklich um eine Spezialistenarbeit, sowohl um ein Handwerk wie um eine Kunst handelt, bedarf es keiner großen Geschicklichkeiten und keines besonderen Wissens, um sich mit einem Traum zu befreunden. Immer können wir diesem Freund erlauben, in seinen Träumereien umherzuschweifen, und dann darf auch der Beobachter umherschweifen, darf sich etwas einfallen lassen und den Traum amplifizieren, sich an Vorfälle erinnern, an Wortspiele, an Parallelen aus der Bibel, der Mythologie, aus Filmen. Ich lasse ihn sprechen, und ich spreche zu ihm – statt dass ich ihm deute oder analysiere. Indem man zu dem Traum spricht, wendet man sich an seine Stimmungen und Bilder und ermutigt ihn, mit seiner Erzählung fortzufahren. Hier ist es notwendig, dass man die ganze Zeit darauf achtet, die Atmosphäre des Traumes zu respektieren und seinen Bildern Wert und Würde zu verleihen, was am besten durch ermutigende Reaktionen auf den Traum geschieht, so wie man in einer Freundschaft ermutigend reagieren muss. Ermutige ich den Traum, seine Geschichte vorzutragen, dann gebe ich ihm eine Möglichkeit, seine wirkliche Botschaft, seine mythische Thematik mitzuteilen, und komme so den Mythen näher, die in mir wirken, meiner eigentlichen Geschichte, der Geschichte meines Lebens von innen – statt nur meiner von außen beobachteten Falldarstellung. Ich werde zu meinem eigenen Mythologen, was ursprünglich „Erzähler von Geschichten" bedeutete.

In dieser Form kann der geistliche Berater sicherlich beginnen, Träume anzuhören, wie er bei seiner Arbeit anderen Geschichten zuhört. Die Traumgeschichte ist einfach der innere Aspekt der äußeren Geschichte. Das Ohr des Ratgebers, der den Träumen lauscht, wird, wie das des Geschichtenerzählers oder Spassmachers, immer schärfer. So haben Joseph und Daniel zugehört; aber der geistliche Berater wird unter Umständen besser zuhören, wenn er auf die Identifizierung mit diesen biblischen Traumanalytikern verzichtet, was heißt, dass er nicht der Versuchung nachgibt, autoritative Deutungen zu geben.

Diese Methode ist keine Amateurpsychologie, denn Träume gehören nicht allein dem Gebiet der Psychologie an. Früher einmal wurden sie heiligen Männern zur Deutung unterbreitet. Sie gehören ebenso wohl dem Mann der Religion wie dem Psychologen zu, denn sie sind, wie Reverend John Sanford sie in einem Buch gleichen Namens nannte, „Gottes vergessene Sprache“. Amateurhaft wäre es, sich Träumen mit psychologischen Mitteln zuzuwenden, die man nicht beherrscht. Amateurhaft wäre es, analytische Deutungen zu unternehmen, ohne jene Hingabe an den Traum, jene Verantwortung gegenüber dem Unbewussten und jene Kenntnis des objektiven symbolischen Materials, das den Zusammenhang der Traumbildung gibt und die Wissenschaft der Kunst ist. Da der Traum in der ganzen Welt als wichtige, ja manchmal sogar als göttliche Botschaft angesehen wurde, musste der Traumdeuter ein besonderer, ein abgesonderter Mensch sein, um die Kräfte lenken zu können, die durch die Offenbarung freigesetzt wurden. Trotz aller ernsthaften wissenschaftlichen Untersuchung des Träumens hat sich das im Grunde nicht geändert. Auch kann das einfache Sich-Befreunden mit dem Traum seine dunkle Sprache und seine Verworrenheiten nicht auflösen. Noch immer wird das Schicksal durch Träume angerufen, und manchmal ist es Verhängnis, das sich ankündigt, und sehr wenig nur kann entwirrt werden. Trotz all der Rätsel ist es aber doch weniger amateurhaft, weniger dilettantisch, sich mit dem Traum zu befreunden, mit ihm zu spielen und über ihn zu phantasieren, denn diese Art der Forschung begegnet dem Traum auf seinem eigenen, phantasiegewobenen Grund und gibt ihm die Möglichkeit, sich weiter zu offenbaren. Träume sind Teil der allgemeinen, gewöhnlichen Menschlichkeit, und man nähert sich ihnen am besten mit gewöhnlicher Menschlichkeit, ehe man zu speziellen Techniken Zuflucht nimmt. Wenn der moderne Geistliche anfängt, auf Träume zu horchen, dann nimmt er wieder einen weiteren Teil seiner pastoralen Aufgabe der Seelsorge auf sich. Seelsorge heute bedeutet die Sorge um das Unbewusste. Der Priester kann das entsprechend seiner eigenen archetypischen Zugehörigkeit auf seine eigene Art tun, ohne die klinischen Methoden und die psychopathologische Sprache der Psychologie entlehnen zu müssen.

Sieht sich der Berater zwangsläufig vor die Wahl gestellt, selbst als Amateur mit Träumen umzugehen, oder den Betreffenden zum Psychiater zu schicken, damit er „berufliche Hilfe“ erhalte, dann sollte er mutig genug sein, zu spielen. Vielleicht kann das Spiel die Seele lebendig erhalten. Der Amateur, der weiß, dass er spielt, der sich seiner Unwissenheit bewusst ist und der sich der Führung des Traumes anvertraut, kann durchaus weniger Schaden stiften als jener Professionelle, der dazu neigt, den Traum – und die Seele – zugunsten von Psychodynamiken und Drogen zu vernachlässigen. Solange der Berater den Träumen zuhört, leiht er zumindest der Seele des Ratsuchenden sein Ohr, auch wenn er vielleicht nicht imstande ist, in professioneller Sprache darüber zu berichten, was da vor sich geht. Der geistliche Berater, der sich als Amateur empfindet, mag sich damit trösten, dass der Traum seinem Wesen nach ein Rätsel ist, dunkel, orakelhaft, ja lächerlich, das von dem, der seinen Sinn anstreben möchte, eine höchst unprofessionelle Naivität fordert. Der psychologische Amateur, der „Liebhaber der Seele“, hat, gerade auf Grund seiner zugegeben ungelehrten und bescheidenen Haltung dem Traum gegenüber die Möglichkeit, seinen Wert zu bestätigen, seine Bedeutsamkeit anzuerkennen, unabhängig vom Inhalt des Traumes. Allein schon durch diese Haltung kann er diese Hervorbringung der Seele bekräftigen und anerkennen, wodurch er der Seele selbst, ihrer schöpferischen, symbolischen, Ehrfurcht einflößenden Funktion Wert und Bedeutsamkeit verleiht. Sollte das nicht der Seele zum Segen gereichen? Denn was für ein Segen ist das für die Psyche und ihren Traum – und für den Träumer – auf diese Weise bestätigt und anerkannt zu werden.

Bei den beunruhigenden Träumen von Schrecken, abstoßenden Bildern und Grausamkeiten vergessen wir oft, dass das Unbewusste das Gesicht zeigt, das wir ihm zeigen. Es ist wie ein Spiegel. Fliehe ich, verfolgt es mich. Bin ich hoch oben, ist es ein Abgrund unten. Bin ich zu edel, schickt es mir eklige Träume. Und wende ich ihm den Rücken zu, dann lockt und zieht es mich mit verführerischen Bildern, mich umzuwenden und zu schauen. Der Abgrund zwischen Bewusstem und Unbewusstem wird schmäler, wenn wir fähig werden, nach dem Unbewussten zu tasten, ihm etwas zu geben, wenn wir imstande sind, mit ihm als einem Freund zu leben.

Die fortgesetzte Absorbierung durch die eigene innere Welt führt zu Erfahrungen innerhalb dieser Welt, in dieser Welt und für diese Welt. Diese Erfahrungen können vielleicht wenig oder keine Beziehung zum äußeren oder zum geistigen Leben haben. Das heißt, sie führen vielleicht nicht unmittelbar zu einem neuen Plan oder einer Idee oder zur Lösung eines ehelichen oder beruflichen Problems. Es sind Erfahrungen in Bezug auf Ereignisse unseres eigenen Lebens. Sie bedeuten tatsächlich eine Erneuerung der Fähigkeit, Erlebnisse zu haben, Erfahrungen zu machen, ein erlebendes Wesen zu sein. Spannungen und Erregungen und die Jagd danach verlieren ihren Reiz. Wenn die Fähigkeit, zu erleben und das Leben zu lieben, wie es ist, zunimmt, dann braucht man weniger Ereignisse, weil man mehr Erlebnisse hat. Dieses Wachstum ist ein Wachstum der Seele, so wie ich die Seele beschrieben habe – das heißt, sie macht sinnhaftes Erleben möglich, verwandelt Geschehnis in Erlebnis, über sie treten wir in der Liebe miteinander in Verbindung, und sie hat ein religiöses Bedürfnis.

Das religiöse Element unterscheidet sich vom theologischen oder dogmatischen Element, denn letzteres würde bedeuten, Erlebnisse in die schon bestehenden Positionen des geistigen oder äußeren Lebens aufzunehmen, sie in Dienst zu stellen und nutzbar zu machen, die Seele in das Joch des Berufs einzuspannen. Vielmehr erscheint das religiöse Element der Seele in der Form spontaner Symbole, die in der Religion ähnlich dargestellt werden, wie das Kreuz der Gegensätze, das Kind in Gefahr, der Garten, der Berg, das Tor und der Wächter, der Ort des Wassers, der Wind, die Wüste, der Hain der heiligen Bäume – Bilder, die häufig in Träumen auftreten. Oder es erwächst aus religiösen Motiven, wie der Bedeutung der Liebe, dem Kampf mit dem Bösen, dem Sieg über den Drachen, der wunderbaren Wendung oder Heilung. Das religiöse Element erscheint auch in der Form von Ankündigungen der Unsterblichkeit, der Ewigkeit, der Metempsychose und in Fragen nach dem Tode, dem Leben danach und nach dem Gericht über diese Seele, nach dem, was für sie richtig ist, wo sie sich befindet und wohin sie dann gehen wird. Mit anderen Worten: das religiöse Element ist eine spontane Manifestation eines jeden von uns, wenn die Seele wiedergefunden wird.

Dann nehmen auch Dogma und Theologie einen neuen Sinn an. Denn einerseits können die Fragen und Bilder der Seele durch das Milieu der traditionellen Religion genährt werden; andererseits verleiht das Gefühl des wiedererweckten Erlebens der Tradition Frische und gibt ihr neue Bedeutung als der Kontinuität der Religion, die sich fortdauernd selbst offenbart. Mit anderen Worten: die Offenbarung kommt zum Stillstand, wenn die Seele verloren geht, und kann den grundlegenden Mythen, Symbolen, Formen und Beweisen keinen Erlebniswert und keine Bedeutung mehr verleihen. Für die Psychologie kommt zuerst die Seele – dann die Religion. Aber auch für die Psychologie kann die Seele ihre Fülle nicht erreichen, wenn sie nicht ihres religiösen Elements gewahr wird.

Vielleicht sollten wir weder die Psychologie noch die Religion „voranstellen". Die symbolische Haltung der Psychologie, die aus der Erfahrung der Seele erwächst, führt zu einem Gefühl der verborgenen numinosen Gegenwart des Göttlichen, während der Glaube an Gott zu einer symbolischen Auffassung des Lebens führt, wo die Welt mit Bedeutungen und „Zeichen" erfüllt ist. Es scheint, dass die Seele zwischen Psychologie und Religion keine Wahl trifft, wenn die beiden von Natur aus ineinander überleiten.

Ich habe in diesem Kapitel die klassischen Nachweise des Unbewussten wiederholt, um die erlebnismäßige, empirische oder phänomenologische Grundlage für unser Recht darzulegen, das Wort „unbewusst" zu verwenden. Aber natürlich wollte ich mehr als das erreichen. Ich hoffte anzudeuten, dass man durch das Unbewusste unerwarteterweise auch auf die Seele stößt. Strukturen werden erkennbar, Bedeutungen lassen sich entdecken; man spürt die vitale Beziehung zur Vergangenheit, zur eigenen wie zu der unserer Familie und Verwandtschaft.

Unser eigener Mythos, der des Vaters, des Helden, des Schülers oder Meisters, oder des Heilenden, des Schäfers, des Dieners, des Listenreichen verschmilzt mit den symbolischen mythischen Bildern der gesamten Menschheit, und durch Gefühl wird man zu der Erfahrung gedrängt, dass es auf die Dinge ankommt, dass es in der Tat sehr auf sie ankommt! Und was wir wählen, zählt. Und was wir mit uns selber tun, mit unseren Körpern, unseren Herzen und in unserem Verstand, das zählt so sehr, dass der persönliche Wert, die Würde und Bedeutung unserer eigenen Individualität, unserer eigenen Person, bei jeder Kampfrunde mit dem Unbewussten zunehmen. Mit anderen Worten: durch die Erfahrung des Unbewussten gewinne ich an Seele. Insbesondere nimmt sie durch die Träume und dadurch, dass ich Phantasien Raum gebe und die innere Welt empfange, mehr Raum in meinem Leben ein und hat mehr Gewicht bei meinen Entscheidungen – das heißt, sie gewinnt mehr greifbare Realität.

Neben der vertrauten Wirklichkeit meiner geistigen Aktivität (meiner Innenschau, meinen Sorgen, Plänen, Beobachtungen, Überlegungen, Vorhaben) und der welthaften Wirklichkeit der Gegenstände kann ein dritter Bereich sich entwickeln, eine Art von bewusstem Unbewussten. Es ist nicht eigentlich zielgerichtet, nicht geordnet, nicht Objekt, nicht Subjekt, nicht ganz eine Wirklichkeit der konkreten Art. Doch ist es nicht ganz „ich“; es ist etwas, das mir geschieht. Ich betreibe es nicht sorgenvoll, als verfolgte ich einen Plan oder bemühte mich um innere Klärung, noch setze ich es unmittelbar mit der äußeren Welt der Objekte in Beziehung. Es ist ein eigener Bereich, weder Objekt noch Subjekt und doch beides. Diese dritte Realität ist eine psychische, eine Welt von Erlebnissen, Affekten, Empfindungen, ein weitgespannter offener Raum, frei und spontan, ein Bereich der „Bedeutsamkeit“ vor allem. In dieser Seelenlage können wir die Beziehung zur Natur und zu uns selbst fühlen. Wir können weinen oder toben, können die Lust tanzen lassen, können mit Gott ringen, unwägbare Dinge feststellen und entdecken, wie ohne aktive zwanghafte Meditation, ohne starre Maßnahmen, ohne LSD und andere „Drogenerlebnisse" ein inneres Leben erwacht. Ich weiß keinen besseren Weg, den Eintritt in diesen dritten Bereich der seelischen Wirklichkeit zu beschreiben, der zwischen Geist und Materie liegt und vielleicht beide auf uns noch nicht verstehbare Weise beherrscht, als indem ich eine Anleihe bei C. G. Jung mache. In der Praxis, meint er, besteht der Weg häufig nicht darin, zu analysieren, sondern darin, mit dem Patienten zusammen in den Traum einzutreten und den Mythos mitzuträumen.

Der Schluss, zu dem wir gedrängt werden, ist, dass die Wiederentdeckung der Seele durch das Unbewusste sowohl ein theologisches wie ein religiöses Element enthält. Das theologische Element wird sichtbar, wenn wir versuchen, dieses innere religiöse Leben mit all seinen widersprechenden Verwicklungen zu formulieren und mit den offiziellen Dogmen über das Wesen Gottes in Verbindung zu bringen; das religiöse Element erscheint in der wiederbelebten Gegenwart des inneren Mythos und Schicksalsgefühls, des Gefühls, dass man irgendwie gemeint ist. „Gemeint zu sein" setzt eine transzendente Macht voraus, die ruft, wählt oder etwas mit einem vorhat, eine Macht, die Sinn verleiht. Die innere Beziehung zu unserem eigenen Leben als einem Ritual, und zu uns selbst als einem Symbol der gemeinschaftlichen Menschlichkeit aller Menschen, mythologisiert aufs neue den Lauf der Ereignisse und verleiht dem Irdischen wieder Numinosität.

Die Beziehung, die im Inneren vorhanden ist, schafft auch die verbindende Brücke zum Inneren jedes anderen, dem wir in der Beratung begegnen; die innere Welt der Träume, des Gefühls und des Leidens ist allzu menschlich, auf tragische Weise bei jedem die gleiche, ohne Ansehen seiner Bildungsstufe, seiner Farbe oder seiner geographischen Heimat. Der Tod eines Kindes, eifersüchtige Liebe, nächtliche Schrecken der Finsternis, das Alter, die Sünde, die Reue – all diese Bilder und Erfahrungen meiner Seele sind auch Bilder und Erfahrungen der deinen. Dieses Feld der seelischen Wirklichkeit, das in jedem von uns vorhanden ist, überwiegt unsere individuellen

Unterschiede und gibt uns die gemeinsame Sprache, die auf unserer gemeinsamen Erlebnisstruktur beruht.

Durch unser Unbewusstes stehen wir alle in Verbindung, indem wir unseren Anteil der kollektiv gegebenen Bilder und Empfindungen erfahren.

Diese aus der Praxis gewonnenen Beobachtungen zwingen uns hinsichtlich der Theologie zu folgendem Schluss: die Bestrebung, die Religion zu entmythologisieren, sie unseren trockenen rationalen Ansichten anzupassen, hat offensichtlich unrecht. Von diesem Standpunkt aus ist Gott in der Tat tot. Der tote Gott ist der entmythologisierte Gott, entleert vom Gefühl, eine intellektuelle Konstruktion ohne seelische Wirklichkeit. Eine derartige Religion mag für den Verstand rational überzeugender sein – obgleich man auch das bezweifeln darf. Aber die Seele wird eine derartige Religion nicht ergreifen, vor allem weil sie das Unbewusste außer acht lässt, wo die Seele liegt. Müssen wir die Religion entmythologisieren, um dem modernen Menschen gerecht zu werden? Könnten wir nicht die Alternative wählen, uns auf das Unbewusste einlassen, und dadurch den modernen Menschen wieder mit seinen Mythen in Beziehung bringen?

Vielleicht werden wir auf diesem Weg unversehens wieder auf seine Seele und ihr natürliches religiöses Element stoßen.

III.

Die innere Dunkelheit: Das Unbewusste als moralisches Problem

In der Vorstellung des Laien bildet die Diskrepanz, die sich natürlicherweise zwischen der Moral, wie sie gepredigt wird, und der praktizierten Moral ergibt, eine große Schwierigkeit bei der seelsorgerischen Arbeit. Der Geistliche gilt als das Musterbeispiel einer Spaltung zwischen Predigt und Praxis. Die „neue Moral" der „neuen Reformation" hat diesen Konflikt in den Brennpunkt gerückt und strebt eine neue Lösung an.

Aber der gleiche Schatten liegt auch über der analytischen Arbeit. Ebenso wie man die Ethik der juristischen und medizinischen Berufe und der Arbeit im öffentlichen Dienst diskutieren kann, beginnt die neue Analyse, die sich von ihrem psychiatrischen Hintergrund ablöst und zu einem eigenen Gebiet wird, das Thema der analytischen Ethik aufzugreifen. Die moralischen Probleme, die sich gerade auf den Gebieten stellen, die dem Dienst höherer Zwecke dienen, sind besonders dornenreich, die Spaltung zwischen gut und böse ist hier besonders auffällig. Es scheint fast, als nähme, während wir versuchen, Licht zu verbreiten, der Wahrheit zu dienen und Gutes zu tun, die entgegengesetzte Seite mit gleicher Intensität an Umfang zu. Diese Erscheinung ist unserer bewussten Absicht so fremd, es ist so schwer, ihr ruhig ins Gesicht zu sehen und mit ihr umzugehen, dass allmählich eine Dissoziation eintritt, die uns selbst spaltet. Im besten Fall ertragen wir die Spannung und leiden moralisch; im schlimmsten Fall verdrängen wir die

Spaltung, und die Welt erleidet sie als Heuchelei und Verrat. Der Bruch zwischen Predigt und Praxis, Bewusstsein und Schatten, zwischen der Hand der Weisheit und der Hand der Torheit wird aber kaum zur Lösung gebracht, wenn wir das eine auf Kosten des anderen wählen. Zwingt man die Praxis in die Gussform der Predigt, wie das die alte Moral versuchte, oder lässt man sich bei der Predigt durch Tatsachen der Praxis leiten und einschränken, wie die neue Moral möchte, so verhüllt man den Konflikt nur, ohne ihn zu lösen. Predigt und Praxis wurzeln nämlich in der gleichen menschlichen Seele und besitzen beide Wirklichkeit. Beide sind sie Bereiche des Handelns, und vielleicht sind die Linke und die Rechte gezwungen, ihre Geheimnisse voreinander zu wahren. Anstatt die eine auf Kosten der anderen zu wählen, könnte es noch eine andere Lösung geben. Das wäre die Entwicklung des Dazwischenliegenden, des dunkeln inneren Raumes, wo das Herz ist, dessen Kultivierungsmöglichkeiten eines der angestrebten Themen dieses Kapitels bilden soll.

Der Redner auf der Kanzel gilt der populären öffentlichen Meinung als gleichgesetzt mit der Moral, während vom Mann im analytischen Sessel angenommen wird, er stünde auf der Seite des Es, der ungezügelten Wünsche, und sei gegen die Moral. Man erwartet daher, dass die Konflikte zwischen Religion und Psychologie nicht nur bei der Frage auftauchen, wer Anspruch auf die Seele erheben darf, sondern sich auch zwischen denen erheben müssten, die die Moral hochhalten und denen, die sie weganalysieren möchten. Schauen wir genauer zu, so finden wir die Fronten manchmal sonderbar vertauscht. Die heutige Moral, wie sie von manchen Kanzeln verkündet wird, hat eine auffällig liberale Note, vertritt eine Offenheit gegenüber dem Leben und der Liebe, die an das 18. Jahrhundert erinnert. Um der dürren Hand der viktorianischen Moralvorschriften zu entgehen, scheint sich eine gewisse theologische Moral, beim Versuch sich vorwärts zu entwickeln, offenbar rückwärts in vor-viktorianische Zeiten begeben zu haben.

Wenn behauptet wird, dass Gott ebenso im Speiseraum

wie in der Kirche anwesend sei, ebenso sehr in menschlichen Beziehungen wie in der Beziehung zwischen Gott und Mensch, und wenn die Rechtfertigung von Handlungen auf der Tiefe der Liebe zwischen Menschen beruhen soll, dann haben wir Augustins: „Liebe und tu, was Du willst" und „Nur eines ist dem Christen wahrhaft auferlegt – nämlich die Liebe"[5] eine erstaunliche moderne Wendung gegeben. Aus der Liebe allein sollen alle Fragen der Moral entschieden werden: „Denn *nichts sonst* macht eine Sache recht oder unrecht"[6]. Man fragt sich, wer nun den Angriff auf die alte Moral führt – vielleicht die neue Theologie selber?

Unter dem Hochdruck unserer Zeit beherrschen die jugendlichen Fauste mit dem Bürstenhaarschnitt und den glatten Gesichtern die Zugänge zur Macht. Sie werden in die Regierung berufen; sie verteilen die Gelder der Stiftungen; sie lenken die großen Körperschaften. Geradeso, wie das naturwissenschaftliche Modell des Denkens Psychologie und Theologie beeinflusst, so beeinflusst dieses technisch-physikalische Modell des Menschen den Psychologen und Geistlichen. Wir möchten nicht altmodisch sein, nicht länger draußen stehen. Und ich glaube, dass die neue Moral, von der Bischof Robinson schreibt, einen Versuch darstellt, dabei zu sein und dazu zu gehören, der als „zeitgemäß sein" rationalisiert werden könnte. Die Kirche will mit dem Leben gehen, entsprechend dem Leben der Mitte des zwanzigsten Jahrhunderts, und ihre Priester wollen keine moralischen Positionen einnehmen, die eine Spaltung von diesem Leben bedeuten. Daher ist diese neue Moral des zwanzigsten Jahrhunderts ein theologischer Mantel für den modernen Trend. In *Gott ist anders* heißt es:

> Wir brauchen allerdings nicht zu beweisen, dass eine Revolution in unserer Ethik dringend nötig ist. Sie ist schon längst ausgebrochen und sie ist keine „Revolution wider Willen". Der Wind, der hier weht, ist eine steife Brise. (S. 109)

---

5. A. Nygren, *Agape and Eros*, London 1953.
6. J. A. T. Robinson, *Gott ist anders* (*Honest to God*), a. a. O.

Dies ist eine Rechtfertigung *ex post facto,* die Anerkennung einer Revolution und eines neuen Regimes, nicht *de jure* sondern *de facto.* Man segelt mit dem Sturm, statt umzukippen, wie der starre Kirchturm, dessen alte Steine bröckeln.

Es wird behauptet, dass diese neue Moral sich aus dem Werk Sigmund Freuds entwickelt habe. Die Entdeckungen der Tiefenpsychologie sind der „wissenschaftliche“ Hintergrund der neuen Befreiung. Aber ich möchte beweisen, dass die Analyse ein moralisches Verfahren ist, das einer Moral bedarf, und dass diese Moralität der Analyse sogar einen Weg aus dem Dilemma der alten Moral gegen die neue Moral weisen könnte. Die Konfrontation mit der inneren Welt, in der Art, die wir schon erwähnten, kann zuerst ein erregendes, „inflationierendes“ Erlebnis sein. Eine Tür öffnet sich, und eine neue Welt wird enthüllt. Plötzlich nehmen längst vergessene, oder lange als nichtssagend erinnerte Ereignisse scharfumrissene Bedeutung an. Die Kindheit wird wieder aufgesucht, und man kann wieder heimgehen. Andressierte Wahrheiten werden zu blühenden Wahrheiten, und selbst was man anderen gepredigt hat, nimmt für einen selbst neuen Sinngehalt an. Das geschieht in der Therapie wieder und wieder. Zu Anfang kann ein Mensch kaum auf den nächsten Traum, die nächste Offenbarung aus dem Unbewussten, auf die nächste analytische Stunde warten. Endlich rücken die Dinge an den richtigen Platz, und es wird Energie frei, um etwas zu unternehmen. Der initiale Kontakt mit dem Unbewussten ist eine belebende Erfahrung, als sprudelte ein lange vernachlässigter verstopfter Brunnen aufs neue. Und gerade solche tatkräftigen Bilder findet man in den Produktionen des Unbewussten: ein Strombett führt jetzt Wasser, ein stagnierender Tümpel beginnt zu fließen, eine Herde von Tieren, ein starkes Pferd auf grüner Wiese, ein Gletscher schmilzt, oder Maschinen, Dynamos, Turbinen, oder Docks, wo Ozeanschiffe ablegen, Bahnhöfe, Flughäfen, Grenzübergänge tauchen auf.

Eine Reise beginnt; aber die Erregung und Inflation, die dem Neubeginn gemäß ist, und ohne die der Anfang kaum unternommen werden könnte, verwandelt sich oft – gerade jenseits der Zollschranken, oder nachdem das Schiff den Hafen, der Zug den Bahnhof verlassen hat – in eine gefährliche Fahrt, ein Abenteuer auf hoher See bei Nacht, oder in eine Wüstenwanderung, wo man von der ganzen unheimlichen Kraft des Unbekannten bedrängt wird. Oder der Trunkenbold erscheint, der seinen Geist nicht zügeln kann, oder der Neureiche, der große Verschwender, der rüde Millionär, der Maschineningenieur oder all die aufgeblasenen Führer in Politik und Gemeinwesen. Die neue Energie hat den falschen Weg eingeschlagen, assimiliert vom Ich als Machtbedürfnis und Antrieb und äußerer Schau.

Freud hat als erster beschrieben, auf was man stößt, wenn die Tür zum Unbewussten geöffnet wird und man hinabsteigt, wenn man, indem man in sie eintaucht, tatsächlich der inneren Dunkelheit begegnet. Und es ist dunkel! Das Unbewusste kann, wie wir im letzten Kapitel sahen, nicht bewusst sein; der Mond hat seine dunkle Seite, die Sonne geht unter und kann nicht überall zugleich scheinen, und selbst Gott hat zwei Hände. Aufmerksamkeit und Konzentration auf einen Brennpunkt erfordern, dass manche Dinge außerhalb des Blickfelds liegen, im Dunkeln bleiben. Man kann nicht gleichzeitig nach zwei Seiten sehen. Das Unbewusste ist aber aus zwei Gründen dunkel: einmal, weil es notwendigerweise verdrängt ist – die Welt, die Freud so sorgfältig erforscht hat; und zweitens ist es dunkel, weil es noch keine Zeit und keinen Raum gehabt hat, ins Licht zu gelangen. Auch dies ist die innere Dunkelheit, die Erde oder der Boden unseres neuen Wesens, der Teil, der *in potentia* vorhanden ist und den die Jungsche Psychologie kultivieren will. Es ist die Dunkelheit der Vergangenheit und die Dunkelheit der Zukunft. Hinter der verdrängten Finsternis und dem persönlichen Schatten – dem, was gewesen ist und verwest, und dem, was noch nicht ist und was keimt – liegt die archetypische Dunkelheit, das Prinzip des Nichtseins, das als der Teufel, als das Böse, die Ursünde, der Tod bezeichnet und beschrieben worden ist, als das existentielle Nichts, die *prima materia*. Wir werden bald darauf zurückkommen.

Das Erlebnis der inneren Dunkelheit, wie Freud es beschrieb, ist die lebendige Konfrontierung mit unserer eigenen verdrängten Natur. Das Tier erhebt sich von seinem Lager, wo es so lange schlief, und ein Mensch hat Alpträume und erwacht in Schweiß gebadet. Eine Leiche oder die Mumie eines Vorfahren steht wieder auf. Ein weiter Sumpf erscheint hinter der Kirche oder dem väterlichen Hause, aus dem ein vorgeschichtliches Ungeheuer kriecht, mit langem, roten phallischen Hals, und der Mensch, der sein Tier verleugnet, ist erstaunt, dass er je so etwas träumen konnte. Ein Verbrecher, ein idiotisches Kind, ein Stück Fäces im Wasserhahn, das das frische, fließende Wasser beschmutzt, ein alter abgebrühter Homosexueller, ein Nazi – alle nacheinander warten, wie bei einer polizeilichen Vorführung, darauf, identifiziert und anerkannt zu werden: Ja, auch das gehört zu mir! „So Du es einem meiner geringsten Brüder angetan hast ..."

In solchen Momenten, wo man den perversen und amoralischen Kreaturen von Angesicht zu Angesicht gegenübertritt, die andere Teile des Gebäudes bewohnten, werden aus den Moralpredigten, die wir gewöhnlich im Sinne, wie man mit anderen umgehen soll, auffassen, Unterweisungen darüber, wie man mit sich selbst umgehen soll. Und plötzlich begreifen wir die Schwierigkeit dieser Unterweisungen, denn irgendwie windet man sich, wenn man die dunkle Wahrheit über sich selbst einsehen muss. Ich meine hier nicht die allgemeine Vorstellung: „Ja, wir sind alle Sünder und sind in Sünde geboren", sondern ich spreche von der spezifischen Verantwortung für spezifische Handlungen und spezifische Charakterzüge, die den lichten Seiten unseres Wesens widersprechen.

Hier handelt es sich natürlich um einen moralischen Kampf. Die Erinnerung an die Sünde, Gewissensbisse und Reue werden zur lebendigen Sprache einer Analyse. Die Frau beginnt einzusehen, was sie aus Selbstsucht all die Jahre ihrem Mann angetan hat, wie sie sich niemals wirklich für ihn interessierte.

Nur an seinem Interesse an ihr war sie interessiert. Oder die Mutter, die inzwischen Großmutter ist, entdeckt in ihren Träumen etwas von ihrer Hexerei und ihren Machttricks gegenüber ihren Kindern. Und ein Mann begegnet in seinen Träumen einem Schwindler, einem Betrüger, einem schlauen Händler, einem soziopathischen Glücksritter und sieht, wie er sich um seine Betrügereien und die Jahre des Ausnutzens anderer Menschen herumgedrückt hat und darüber weggetanzt ist.

Aber man kann auch ein moralisches Versagen sich selbst gegenüber fühlen. Das ist schwieriger und bringt neue moralische Probleme mit sich. Denn man empfindet leichter das Bedürfnis einzusehen, dass man anderen unrecht getan hat, als das Bedürfnis einzusehen, dass man sich selbst unrecht tat. Die kollektive Moral heißt die Selbstaufopferung gut. Wir schädigen und hassen uns selbst mit der vollen moralischen Billigung der Gemeinschaft. Es heißt, Altruismus sei das Gegenteil des Egoismus. Aber durch das Unbewusste entdeckt man, dass ein Großteil des Altruismus leerer Schein und Kompensation ist, wenn die richtige Art von Egoismus enttäuscht wurde. Statt jenen Egoismus zu leben, der einfach Glaube an einen selbst, Hoffnung auf einen selbst und Liebe zu einem selbst ist, erhalten wir das egoistische Kind in uns lebendig, verhätscheln es mit Kindischkeit und verkümmern dadurch unsere eigenen Möglichkeiten. Zur vollen Gestalt zu gelangen, könnte unter Umständen heißen, dass wir alle kindischen Dinge beiseite stellen müssen, und dieses Opfer fordert nicht einmal die Gemeinschaft. Sie duldet lieber alle Schwächen und sogar Perversitäten, als in ihrer Mitte die Größe der Individualität zuzulassen. Die kollektive Moral findet allzu häufig keinen Platz für den Menschen, der diese Liebe zu sich selbst, dieses Vertrauen und diese Stärke besitzt, um in sein Königreich zu gelangen und es in Besitz zu nehmen. Man begegnet ihm mit Neid. Wie Nietzsche bemerkte, gibt es in der christlichen Gemeinschaft viel Platz für die Demütigen und Schwachen; das zehnte Gebot vom „sich nicht gelüsten lassen“ ist in einem Kollektiv leicht einzuhalten, wo nur die Armen im Geist in Mengen vertreten sind. Hat man eine moralische Verpflichtung sich selbst gegenüber, dann erscheinen im Schatten Figuren, die positive Möglichkeiten der eigenen Natur darstellen, Möglichkeiten, denen keine Chance geboten wurde. Ich bin schuldig nicht nur gegenüber meiner Vergangenheit, sondern gegenüber meinen eigenen Möglichkeiten. Der Schatten unterscheidet oft zwischen einer gehorsamen und langweiligen bürgerlichen Figur, die kollektiv gebilligt wird und unschöpferisch ist, und einem bärtigen Beatnik, einem Rebellen und Gammler, einem Burschen, der zwar Talente, aber keinen festen Boden unter den Füßen hat. Und wieder erhebt sich ein moralisches Problem: denn wem gibt man an diesem Scheidepunkt Kredit – dem Sheriff oder dem Gesetzlosen, dem Professor oder dem Studenten im ersten Semester, dem Kardinal oder dem Priester, der seine Kutte ablegen musste? Wer ist positiv und wer negativ? Das einseitige Licht der Ich-Bewusstheit unterstellt, dass Dunkelheit Vernachlässigung bedeutet. Und es sind die vernachlässigten Elemente, die im Schatten erscheinen. Wo das Ich seine eigenen Stärken und Gaben vernachlässigt hat, da werden diese in Traumfiguren verkörpert, die zu sozial Ausgestoßenen wurden – das heißt, ausgestoßen durch die festgelegten Gesetze, nach denen wir unsere innere Gesellschaft aufgerichtet haben. Dann müssen diese Möglichkeiten als Ausgestoßene, als Schädlinge, als Krüppel und sogar Wahnsinnige erscheinen. Sie zu heilen, die Blinden und Aussätzigen, die Toten zu erwecken, wird zur inneren Notwendigkeit, um die Persönlichkeit gesunden zu lassen.

Symbole der inneren Dunkelheit, die ein Mensch erlebt, dürfen nicht nur auf dem Hintergrund der persönlichen Sünden und Verbrechen des individuellen Lebens gesehen werden, sondern auch in der weiteren Sicht der menschlichen Entwicklung im allgemeinen. Herkules musste die schmutzigen Ställe des König Augias reinigen; um diese unsägliche Arbeit zu vollbringen, musste er ganze Ströme von Energie umleiten. Auch den Löwen seines eigenen Ehrgeizes musste er erschlagen, ehe er sich in jenen Ställen beschmutzen konnte. Odysseus musste dem Riesen mit dem hungrigen Auge standhalten, dem einfältigen Dämon des Zwanges, ehe er seinen Weg fortsetzen konnte. Irgendwo muss immer ein Ungetüm bekämpft, ein wildes Tier erschlagen, ein Trieb bewältigt werden. Irgendwo ist ein Engel, mit dem man ringen muss, ehe man den Fluss überschreiten kann. Und wenn man allein in einer Wüste ist, sei es die moderne der Büros oder der Vororte oder die alte der frühen Kirchenväter, dann überfallen einen alle Arten von Dämonen, Versuchungen, Verführungen, Perversionen, Projektionen, Illusionen. Jede vorgebrachte Klage hat immer einen Hintergrund und je überwältigender und faszinierender die Klage, desto sicherer können wir sein, dass es einen archetypischen Hintergrund gibt, der ein Symptom als Symbol benutzt und der, wenn wir ihn nur besser verstehen, nicht nur ein pathologisches Leiden ist, sondern zu einer religiösen Erfahrung werden kann.

Die Heilung des Schattens ist einerseits ein moralisches Problem, das heißt, sie fordert die Erkenntnis dessen, was wir verdrängt haben, wie wir unsere Verdrängungen bewerkstelligen, wie wir rationalisieren und uns selbst betrügen, welche Ziele wir verfolgen, und was wir im Namen dieser Ziele verletzt, ja verstümmelt haben. Andererseits ist die Heilung des Schattens ein Problem der Liebe. Wie weit kann unsere Liebe sich zu den zerbrochenen und zerstörten Teilen, den abstoßenden und perversen erstrecken? Wie viel Hilfsbereitschaft und Mitleid haben wir gegenüber unserer Schwäche und Krankheit? Wie weit können wir auf dem Prinzip der Liebe eine innere Gesellschaft errichten, die für jeden Platz hat? Ich verwende den Ausdruck „Heilung des Schattens", um die Wichtigkeit der Liebe zu betonen. Wenn wir uns uns selbst zuwenden, um uns selbst zu heilen, wenn wir „mich" in den Mittelpunkt stellen, so entartet das allzu häufig in den Zweck, das Ich zu heilen – stärker und besser zu werden, in Übereinstimmung mit den Absichten des Ichs zu wachsen, die oft mechanische Kopien der Absichten der Gesellschaft sind. Aber wenn wir uns uns selbst zuwenden, um jene fixierten, unnachgiebigen, angeborenen Schwächen des Eigensinns und der Blindheit, der Gemeinheit und der Grausamkeit, des Schwindels und leeren Pomps zu heilen, dann stoßen wir auf das Bedürfnis, überhaupt auf eine neue Art da zu sein, in der das Ich einer Schar schattenhafter unerfreulicher Figuren dienen, auf sie horchen und mit ihnen Zusammenarbeiten muss, und wir entdecken in uns eine Fähigkeit, selbst den geringsten dieser Charakterzüge zu lieben.

Sich selbst zu lieben, ist keine leichte Sache, gerade weil es bedeutet, dass wir alles an uns zu lieben haben, einschließlich des Schattens, wo man minderwertig ist und gesellschaftlich so unannehmbar. Die Fürsorge, die man diesem demütigenden Teil zuwendet, ist zugleich die Heilung. Mehr noch: Wie die Heilung von der Fürsorge abhängt, so bedeutet Fürsorge manchmal nichts anderes als tragen. Das erste und wesentliche bei der Erlösung des Schattens ist die Fähigkeit, ihn mit sich zu tragen, wie es die alten Puritaner oder die Juden im endlosen Exil taten, täglich ihrer Sünden bewusst, Ausschau haltend nach dem Teufel, auf der Hut, um nicht zu stolpern – eine lange existentielle Wanderung mit einer Last Steinen auf dem Rücken, niemanden, auf den man etwas abladen konnte, und ohne sicheres Ziel am Ende. Dieses Tragen und Sorgen darf aber nicht das Programm verfolgen, sich zu entwickeln, um das Minderwertige den Zielen des Ichs zu unterwerfen, denn das wäre kaum Liebe.

Den Schatten zu lieben kann damit beginnen, dass man ihn trägt, aber selbst das ist nicht genug. Einmal muss noch etwas anderes durchbrechen, die lachende Einsicht nämlich in das Paradoxon der eigenen Torheit, die auch die Torheit aller anderen ist. Dann kann die freudige Bereitschaft kommen, das Abgewiesene und Minderwertige anzunehmen, mit ihm zu gehen und es sogar teilweise zu leben. Diese Liebe kann selbst zu einer Identifizierung mit dem Schatten und zum Agieren führen, indem man seiner Faszination erliegt. Daher darf die moralische Dimension niemals aufgegeben werden. So ist die Heilung ein Paradox, das zwei Inkommensurablen erfordert:

die moralische Erkenntnis, dass diese Teile meiner selbst lästig und unerträglich sind und sich ändern müssen – und die liebende, lachende Bereitschaft, die sie annimmt, wie sie eben sind, freudig und für immer. Man bemüht sich zugleich angestrengt und lässt es gehen, verurteilt zugleich scharf und beteiligt sich fröhlich. Westliche Moral und östliches Sich-Treibenlassen: jedes enthält nur eine Seite der Wahrheit.

Ich glaube, dass diese paradoxe Haltung des Bewusstseins gegenüber dem Schatten ein archetypisches Vorbild in der jüdischen Mystik findet, wo Gott zwei Seiten hat: eine der moralischen Rechtschaffenheit und Gerechtigkeit und eine der Gnade, der Vergebung, der Liebe. Die Chassidim glauben an dieses Paradoxon, und ihre Erzählungen lassen ihre tiefe moralische Frömmigkeit erkennen, die mit einer erstaunlichen Lebensfreude Hand in Hand geht.

Freuds Schilderung der dunklen Welt, die er entdeckte, wird der Psyche nicht gerecht. Seine Darstellung war zu rational. Er hat die paradoxe symbolische Sprache, in der die Psyche redet, nicht hinreichend erfasst. Er sah nicht ganz, dass jedes Bild und jedes Erlebnis sowohl einen prospektiven wie einen reduktiven Aspekt besitzt. Er sah die paradoxe Tatsache nicht deutlich genug, dass fauler Kohl auch ein Düngemittel ist, dass Kindischkeit auch Kindlichkeit ist, dass polymorphe Perversion auch Freude und körperliche Freiheit bedeutet, dass der hässlichste Mensch zugleich auch der Erlöser in der Maske ist.

Mit anderen Worten: die Darstellung des Schattens bei Freud und die bei Jung stellen nicht zwei festumrissene, miteinander in Konflikt stehende Positionen dar. Vielmehr muss man die Jungsche Position der Freudschen überlagern, die dadurch amplifiziert, um eine Dimension erweitert wird; und diese Dimension erfasst die gleichen Fakten, die gleichen Entdeckungen und beweist, dass sie paradoxe Symbole sind. Die gleiche Komplementbildung gilt auch hinsichtlich der analytischen Regeln von Freud und Jung. Freud stellte strikte Regeln in Bezug auf das Vorgehen in der Analyse, die Beziehungen zwischen Analytiker und Patient und darüber auf, wie sich der Patient während der Zeit seiner Analyse in der Welt zu verhalten habe, und die heutigen Freudianer richten sich weiter nach diesen Regeln. Sie sind ein neuer moralischer Kodex, eine neue Über-Ich-Anweisung, die sehr weitgehend nach den Grundverhaltensweisen und Haltungen des Analytikers gebildet werden. Im Prinzip zielen sie darauf ab, die Einschränkung des Agierens auf ein Minimum sicherzustellen.

Da die Kräfte des Schattens einerseits so dynamisch und andererseits so gegen die Gesellschaft gerichtet sein können, bedarf es der moralischen Zügelung, solange das durchzuarbeitende Material diese primitive infantile Qualität des Schattens aufweist. Vom Jungschen Standpunkt aus allerdings gibt es noch einen weiteren Grund für eine analytische Moral, ebenso wie auch der Schatten noch einen anderen Aspekt hat. Die Moral stärkt das Behältnis, innerhalb dessen die Persönlichkeit sich umformen kann. Lassen Sie uns das genauer betrachten.

Durch den Schatten wird insbesondere die Sexualität konstelliert und nimmt neues Leben an. Sie beginnt die Bedeutungen von Freiheit und Lust, von Erwachsensein, Potenz und Schöpferkraft anzunehmen. Die Welt wird sexualisiert, und die Sexualität scheint die Existenz zu bestätigen, scheint an sich die letzte Wahrheit darzustellen. Wenn man diesen Aspekt des Unbewussten erlebt, hat man das Gefühl, dass Freud durch und durch recht hatte. Natürlich sind die Gefahren des unterschiedslosen Agierens immens. Zwischen der neuen Libido und der alten Moral bricht ein sehr schwieriger Konflikt aus. Es sieht so aus, als habe dieses Stadium des Durcharbeitens des Schattens unsere Gesellschaft als ganzes, vor allen in den letzten zwanzig Jahren, beschäftigt.

Andere moralische Themen, wie Aggressivität, Wut, Stolz und Macht, Faulheit, Unaufrichtigkeit und betrügerisches Rollenspiel gehören ebenfalls zu den Schatten des Gefühls und verdienen auch Beachtung durch eine neue Moral. In der analytischen Arbeit sind diese Themen nicht minder dringlich als die Sexualität. Da aber die neue Moral ihre Sache in Ausdrücken der Liebe und der Sexualität zu vertreten scheint, und da dies auch die Fahnen sind, unter denen heute sogar pädagogische, juristische und politische Kämpfe ausgefochten werden, sind wir genötigt, uns auch dieser Frage zuzuwenden. Trotzdem ist die wirkliche Revolution, die in der individuellen Seele vor sich geht, nicht sowohl sexuell als psychisch und symbolisch, ist ein Kampf um eine gänzlich neue (und doch sehr alte und religiöse) Erfahrung der Wirklichkeit, der nur zufällig für uns in seinen Anfangsphasen durch sexuelle Phantasien über diese psychische Realität getragen wird.

Lassen Sie uns zuerst einmal die Antwort ansehen, die die „neue Moral" für die Probleme der Liebe und Sexualität bereithält. Sie scheint die Ansicht zu vertreten, dass Unzucht und Ehebruch, soweit sie zwischen zustimmenden erwachsenen Menschen vor sich gehen, solange sie nicht öffentlich geschehen, solange sie von bedeutsamen und tiefen Gefühlen getragen sind und niemanden Schaden zufügen, solange sie auf Liebe beruhen, d.h. auf der Anerkennung der Person des anderen, nicht moralisch schlecht sind.

Tatsächlich schreibt Bischof Robinson:

> Denn Aussagen über Gott sind letztlich Aussagen über die Liebe – über den Grund und den Sinn personaler Beziehungen.[7]

> Glaube an Gott ist vielmehr das Vertrauen, das geradezu unerhörte Vertrauen, dass wir nicht zuschanden werden, wenn wir uns bis zum Äußersten in Liebe hingeben, sondern dass wir „angenommen" werden, es ist das Vertrauen, dass Liebe der Grund unseres Seins ist, dem wir im letzten Sinne angehören.[8]

Sind „Bedeutsamkeit", „Transzendenz", „Tiefe" und „Unschädlichkeit" angemessene Kriterien für die Rechtfertigung unserer Liebe, da auf Grund dieser Liebe Unzucht und Ehebruch gerechtfertigt wären? Oder mehr noch – da auf Grund dieser Kriterien Gott selbst erkannt werden soll? Gibt es keine Abstufungen der Transzendenz, so dass alles, was

7. *Gott ist anders*, S. 109.
8. Ebd., S. 56.

jenseits meiner Ich-Grenzen liegt, alles was sie transzendiert, nicht als göttlich und nicht als letztlich bezeichnet zu werden braucht? Gibt es Liebe ohne Verwicklung und Verwicklung ohne Schaden? Was berichten uns die Mythen von Eros, vom trojanischen Krieg, von den großen Liebenden der Geschichte, von unserem eigenen Leben? Selbst wenn die Liebe Sinn und Heilung spendet, so öffnet sie doch neue Wunden, während sie die alten schließt, und sie bietet keine Sicherheit gegenüber ihrem manchmal zerstörerischen Sog. Liebe kann auf vielen Ebenen erfasst werden, und das Sprechstundenzimmer des Analytikers oder Seelsorgers ist die Endstation manch einer Liebe, in der Menschen sich bis zum Letzten hingegeben haben, dem Äußersten begegnet sind, mit edlen Absichten und tiefem Gefühl, mit der Behauptung, dass diese Liebe der Boden ihrer Existenz, ihr Gefühl heimzukehren, selbst ihre Erfahrung Gottes und der Transzendenz war – und doch lief alles falsch, schrecklich, fürchterlich, manchmal bis zum Selbstmord falsch.

Die Frage, die wir gegenüber der neuen Moral aufwerfen müssen, lautet nicht, ob sie moralisch oder sogar theologisch stichhaltig ist oder nicht, sondern vielmehr, ob sie *psychologisch* gültig und begründet ist. Ist „Wahrhaftigkeit vor Gott" wahrhaftig gegenüber dem Leben? Indem man Gott von dort draußen und dort oben in die Tiefen versetzt hat, wurde das machtvollste und numinoseste Urbild plötzlich in das Territorium verbracht, das früher der Machtbereich des Teufels war; und wie sollen wir nun beurteilen, von woher die Impulse der Liebe stammen, die aus diesen Tiefen rufen? Wie unterscheiden wir die Geister, die aus dem Unteren aufsteigen?

Denn, wollen wir uns da keinem Irrtum hingeben, die überwältigende Betonung der persönlichen Beziehungen in der neuen Moral – ihrer Tiefe, Totalität und Einsatzbereitschaft – führt unvermeidlicherweise zum Problem der sexuellen Beziehungen. Es kommt selten vor, dass man das eine ohne das andere hat, es sei denn, dass sehr viel psychologische Kultivierungsarbeit geleistet worden wäre. Indem sie den sexuellen

Verwicklungen der totalen Hingabe zustimmt, beweist die neue Moral zumindest Mut. Aber noch einmal – ist das psychologisch stichhaltig?

Die Sexualität ist nicht nur ein schöpferisches Geschenk, das wir einander machen, sondern sie ist auch eine dämonische Kraft. Jene Mythen, die von der Kultivierung des Bewusstseins handeln, wie die Herkules- und Odysseussagen und auch das Gilgamesch-Epos, ebenso wie die primitiven Initiationsriten weisen darauf hin, dass der dämonische Aspekt gezähmt oder vermieden, aufgeopfert oder besiegt werden muss. Wir müssen über die innere Dunkelheit etwas *wissen,* die unsere Liebe befleckt. Der Schattenaspekt der Sexualität muss – besonders in unserer lange verdrängenden Kultur – zuerst von seinen inzestuösen Anteilen befreit, muss zuerst mit Liebe und Verbundenheit verknüpft werden, das heißt, er muss zuerst einmal kultiviert und entwickelt werden. Die neue Moral unterscheidet nicht genug; sie hat ein einziges Hauptkriterium: die *Tiefe.* Aber der Tiefenpsychologe weiß etwas von dem, was da unten liegt. Traumbilder, Märchen und Mythen erzählen uns genug über die Unterwelt der Mutterbilder, der Tiere und Flammen, der falschen Bräute und Ungeheuer, denen der Held erst entgegentreten muss, ehe er in sein Königreich gelangen und das Besitztum des Menschen antreten kann, ehe er menschlich wird und verstehen kann, was der Bischof von Woolwich unter Liebe versteht. Die romantisierte Liebe ist eine süß-betrügerische Antwort auf die vertrocknete technische Welt; romantisierte Liebe ist nur die Umkehrung der Tüchtigkeit der kleinen Fauste in die Sehnsüchte alleingelassener Schulknaben. Wie Analytiker und seelsorgerische Berater wissen, überlassen wir nur zu häufig in dem edlen Bestreben nach tiefer persönlicher Liebe, wenn wir unser Äußerstes geben wollen, unser niedrigstes Tier dem anderen, dass er es für uns hüte.

Vorauszusetzen, dass jede Liebeserfahrung Liebe zum Göttlichen Grund des Seins sei, zu glauben, dass die tiefe persönliche Bedeutung eines Gefühls die Gräben und Hürden der Schwierigkeiten der Liebe überwindet, und dass sie das

Kriterium für die Rechtfertigung einer nicht sanktionierten Liebe sein könne, sich durch eine Philosophie zur Liebe betören zu lassen, die deren Furchtbarkeit übersieht (denn wenn Gott die Liebe ist, dann ist der Anfang der Weisheit die Furcht vor der Liebe), und diese naive Unkenntnis der Schattenseite des Liebens „Wahrhaftigkeit vor Gott" zu nennen, beweist nur, wieviel von der Liebe im Schatten liegt. Besser sollte man die neue Moral des Liebens „Naivität vor Gott" nennen. Ein Psychologe und Laie gegenüber diesen theologischen Fragen erwartet trotz allem mehr von einer „neuen Reformation" als die bloße Ersetzung eines naiven Gottesbildes „da droben" durch einen naiven Liebesbegriff „da drinnen". Obgleich geschrieben steht, dass Gott ganz Liebe ist, bedeutet das, dass jede Liebe Gott ist? Wenn die Liebe als Gott verehrt wird – ganz gleichgültig, welche Form diese Liebe annimmt, welcher Liebende sie zu vergeben hat, welche Höhen oder Tiefen sie erreicht – haben wir dann nicht ein neues Idol aufgerichtet und damit das zweite und dritte Gebot verletzt? Und sind es nicht gerade diese Gebote, die stärker auf die theologische Moral wirken als das siebte und zehnte, von denen die Priester heute so fasziniert scheinen. Ein Psychologe muss seine geistlichen Kollegen fragen: Warum fallt ihr derartigen Sophistereien, derartig simplen Lösungen zum Opfer; warum verwischt ihr die Hierarchien der Transzendenz und des Höchsten, vernachlässigt damit Welten an Unterscheidungen, die nach der Tradition durch Stufen des Seins und Klassen der Engel dargestellt werden, warum vernachlässigt ihr die Welten an Unterschieden zwischen den Stufen und Arten der Liebe? Warum treibt ihr Handel mit Halluzinationen, in denen ihr beseeligende Visionen finden wollt? Warum verwechselt ihr die Stimmen der autonomen Komplexe mit der pfingstlichen Gabe, in Zungen zu reden? Wie könnt ihr Sich-Verlieben mit der Heimkehr zum Haupt Gottes gleichsetzen?

Die Liebe ist viel komplexer als ihre Empfindungen, so wie Gott Geheimnis ist und nicht Enthusiasmus. Die Differenzierung ihrer vielfältigen Verflechtungen bedeutet eine lange

Initiation, und nur deren Beginn hat etwas mit Hineinstürzen zu tun, damit, dass man von ihrem Rauch und Feuer entzündet wird. Liebe würde erleuchtet sein: ins Licht geführt. (In gleicher Weise ist die Theologie als Studium Gottes ein langer Erhellungsprozess, ein labyrinthischer Weg.) Wir sind letztlich hilflos gegenüber dem archetypischen Erlebnis der Liebe und verstehen wenig; selbst ihre Epiphanien sind nur Öffnungen zu noch weiteren Möglichkeiten der Liebe. Niemand wäre kühn genug, sich über Nacht für einen Theologen zu halten, und doch behaupten manche nach einer Liebesnacht, sie seien schon so weit gelangt. Und was ist mit denen, die nicht die Kraft haben und die nicht die Herrlichkeit kennen gelernt haben, sich selbst bis zum äußersten in Liebe zu verschenken? Sind sie dann abgeschnitten vom Königreich? Es sieht so aus, als gäbe es in der neuen Moral der neuen Reformation die alte Lehre von der Prädestination, von denen die „dabei“ sind und denen, die „draußen“ sind: entweder man liebt, oder man gehört nicht dazu.

Mit anderen Worten: Trotz all ihrer Kühnheit, mit der sie der Liebesbotschaft Jesu eine vitale moderne Deutung geben, ist die neue Moral psychologisch nicht begründet, weil sie eine allgemeine Antwort gibt. Aber es gibt keine allgemeinen Antworten, die bei moralischen Konflikten wirksam wären; psychologisch gesehen, werden moralische Konflikte individuell in Krisen durchlebt, die Gesetze und Predigten nicht berühren. In einem wirklichen moralischen Konflikt, der der Schmiedeofen der Persönlichkeit und der Charakterintensivierung ist, steht der einzelne allein und hämmert seine eigenen Antworten in seinem Herzen zurecht. Das moralische Gesetz ist der Amboss, die Krise des einzelnen der Hammer. Was für die psychologische Kultur zählt, ist, dass es diese Konflikte gibt. Eine Moral, die die Quelle des Konflikts behebt, die Rolle des Schuldgefühls erleichtert und die Bedeutung des ans Kreuz der Gegensätze geschlagen zu sein, herabsetzt, ist keine Moral mehr, sondern ein neues theologisches Beruhigungsmittel namens Liebe.

Der analytische Standpunkt unterstützt die moralischen Gesetze, weil sie zwei Funktionen erfüllen: erstens intensivieren sie den Konflikt, ohne den kein Bewusstsein möglich ist; und zweitens begünstigen sie die Internalisierung. Das moralische Gesetz wird von der Analyse nicht bloß um der äußeren Moral, der sozialen Form und der Ethik willen unterstützt. Die Analyse bemüht sich um die Entwicklung der Liebe, des Eros, der Sexualität im Individuum. Diese Entwicklung wird durch das Agieren nicht gefördert. Wie die Schattenseite nicht durch Verdrängung entwickelt wird, so wird sie gleichermaßen durch das Gegenteil der Verdrängung, durch das Agieren, nicht gefördert. Verdrängen und Agieren sind zwei Seiten der gleichen Münze. Einen dritten Weg könnte man als Internalisierung oder als Symbolisierung oder als Nach-innen-Leben bezeichnen. Der Eros wird durch intensive Internalisierung kultiviert, vielleicht die schwierigste aller Aktivitäten, da ja der Eros, *per definitionem* und durch seinen Impuls uns in die Welt und in die Verflechtung mit anderen führt. Den Eros nach innen zu leben, ist daher in der Tat ein *opus contra naturam.* Der Liebesimpuls selbst trägt in sich die kulturellen Samen der Internalisierung und Symbolisierung; das sind keine Sublimierungen, die durch Wille, Vernunft oder Sozialethik von oben her auferlegt werden. Diese kulturellen Samen sind die selbstbeherrschende, selbst sich einschränkende Regulierung des Triebes selbst, durch Gewissen, Ritual und Phantasie. Liebesgedichte, Liebesbriefe, Liebesgeschenke sind alles Gesten, die sich nicht auf funktionale Sexualität reduzieren lassen; sie sind, selbst bei Tieren in der Form der Werbung und der Begattungsrituale, Tanz und Farbe der Liebe selbst. Das befreiende, von der Phantasie getragene Spiel, das die Verliebtheit begleitet, ist Teil des Eros selbst und weist auf die Art hin, in der das *opus contra naturam* paradoxerweise auch natürlich und instinkthaft ist.

Alle mystischen Disziplinen erkannten die Bedeutung der Internalisierung für die Kultivierung des Eros und erlegten dem erotischen Leben strenge Einschränkungen auf. Ich will weder die Übung der Askese empfehlen noch die Liebe, wie sie in der Welt gelebt wird, achten. Die Internalisierung ist nicht der einzige Weg, noch ist sie immer der Weg, aber für sie einzutreten und sie zu verteidigen ist notwendig, da sie bei der sogenannten sexuellen Revolution unserer Tage beinahe in Vergessenheit geraten ist und weil sie in der Hauptsache den analytischen Weg bezeichnet. Es kann daher von Nutzen sein, auf die psychologische Bedeutung der asketischen Übungen hinzuweisen, selbst wenn ihre Praxis nicht unsere Sache ist. Untersuchen wir sie näher, so treffen wir auf das universelle Bewusstsein und auf die archetypische Lehre, dass der Mensch – als Auszeichnung neben seiner Menschlichkeit – in die Geheimnisse der Liebe eingeführt werden muss. Aber ist das ein Wunder, wenn Gott die Liebe ist?

Die traditionellen Disziplinen, zu denen auch die Alchemie gehörte, beschäftigten sich hauptsächlich mit der Transformation des Bewusstseins oder dem, was wir als Persönlichkeitsentwicklung im tiefsten Sinn bezeichnen würden. Die Erlösung und Befreiung der inferioren Persönlichkeit, besonders des unteren Eros – der Lieblosigkeit, Selbstsucht, des Anklammerns ohne echte Beteiligung, Eitelkeit und Oberflächlichkeit, Primitivität der Sexualität und Sexualisierung des Gefühls, Hast und Zwanghaftigkeit, verschwendete Energie in wiederholten erotischen Phantasien – sind auch der wichtigste Inhalt der Analyse. Daher lässt sich aus den mystischen Disziplinen wie der Alchemie etwas über die Persönlichkeitsentwicklung lernen.

In der chinesischen wie der westlichen Alchemie musste man, ehe man das große Werk begann, sein Herz erkennen und seine moralische Haltung prüfen. Die Kardinaltugenden wurden empfohlen: Gesundheit, Demut, Frömmigkeit, Keuschheit, Glaube, Hoffnung, Liebe, Freundlichkeit, Gebet, Geduld, Mäßigung und so weiter. Auf die eine oder andere Art tauchten diese Tugenden wieder und wieder in der Alchimie auf. Sie war ein höchst moralisches Unterfangen. Ähnlich findet man im Yoga, in den katholischen Disziplinen, im Sufismus, Schamanismus, beim Zen und so fort strenge Moralvorschriften.

Es gab einen entscheidenden spirituellen Idealismus, einen strengen Moralismus, und wir müssen uns fragen, warum diese Moralität nötig ist. Die Alchemisten erkannten die innere Dunkelheit, die Schattenseite der Persönlichkeit, die freigesetzt wurde, wenn der Eros-Aspekt eine Wandlung durchmachte. Die Moral bot ein schützendes Bollwerk gegen die zersetzenden, explosiven, sulphurischen Seiten der Natur – das heißt, gegen die verdrängten Affekte und Wünsche. Die moralischen Prinzipien waren praktisch Anleitungen, um mit dem leidenschaftlichen inneren Gott umzugehen. Er konnte als *Sol niger* oder *Deus absconditus* die Schöpfung von unten her zerstören, gerade so, wie Der von oben seine Heuschrecken, Blitze und Fluten schickte.

Die Moral als etwas, was von oben her auferlegt ist, stammt aus dem theologischen Modell eines Gottes-in-der-Höhe her. Aber dieses Modell beruht selbst auf einer archetypischen Vorstellung, einer Aussage der Psyche, dass es etwas gibt, das über ihr und jenseits von ihr steht. Die Seele ist nicht alles; es gibt etwas über sie hinaus. Wenn alle Aussagen im Grunde Reflexionen der Psyche sind, dann wären die Forderungen der alten Theologie, dass die Vollkommenheit aufwärts weist und dass der Geist der Seele und dem Leib überlegen ist, Ermahnungen der Seele an sich selbst, die besagen: „Blicke nach oben!"

Vielleicht wird die Verlagerung Gottes in die Tiefe eine neue Moral nach sich ziehen. Sie wird auf das transzendent Immanente hinzielen – das heißt, auf das tief Innere, das zur gleichen Zeit jenseits ist. Dieses Drinnen, das jenseits ist, wird in der Alchemie als die leuchtenden Augen der Fische in der Tiefsee vorgestellt, die zur gleichen Zeit die fernen Sterne in der Höhe sind. In der Sprache des Ostens ist das Innen, das jenseits ist, der suksma-Aspekt, welcher jenseits der exoterischen materiellen Ebene der Dinge hegt. In unserer Sprache handelt es sich um die psychische Realität jenseits der Ich-Ebene. Das Jenseits im Inneren ist das höchste Ziel der inneren Verbindung; eine allen gemeinsame Selbst-Verbundenheit jenseits des Ichs. Der Bereich der psychischen Wirklichkeit weist immer über sich selbst hinaus, transzendiert sich selbst und erlegt daher eine Moral auf, die einen Transzendenzprozess fordert, der immer tiefer und weiter geht. Wir können das als den moralischen Impuls des Individuationsprozesses bezeichnen. Aber wo immer der höchste Wert beheimatet ist, ob Gott oben ist oder innen, immer ist es der „Jenseits"-Aspekt, der den moralischen Impuls lenkt. So bleiben die moralischen Tugenden als psychologische Imperative erhalten, als Rufe von jenseits des Ichs her, unabhängig vom Ort des theologischen Gottes.

So haben wir also, zusätzlich zur Notwendigkeit des moralischen Konflikts, einen zweiten psychologischen Grund für die Moral aufgefunden. Die Entwicklung der Persönlichkeit selbst erlegt dem Ich Gesetze auf. Die Persönlichkeit als Ganzes fordert, dass das Ich als Teil Opfer bringt. Das Ich wird durch diese Werte und Prinzipien eingeschränkt, die insofern Über-Ich sind, als sie über dem Ich stehen, als sie es transzendieren. Es ist der Transformierungsprozess, der dem Ich diese Beschränkung auferlegt, so dass es dem Prozess in der richtigen Art dienen kann. In diesem Licht gesehen, sind diese Haltungen, sind diese Konzepte der traditionellen Moral transzendentale Werte, wie auch die Kantsche und idealistische Philosophie immer vertreten hat, dass die Kardinaltugenden transzendental seien. Sie sind nicht hypostasierte Tugenden, die im Himmel umherschweben, oder in einer Platonischen Welt oder einem deutschen metaphysischen Lichtreich. Vielmehr handelt es sich hier um Einschränkungen und Imperative, die die Ganzheit des Selbst dem Ich auferlegt, um es zur Internalisierung zu zwingen. Als solche transzendieren sie das Ich. Sie werden vom Ich als transzendental erlebt, so dass ihre Verletzung Schuldgefühl auslöst. Dieses Schuldgefühl besteht gegenüber den eigenen Möglichkeiten der Selbstverwirklichung, der Selbst-Erlösung. Daher spielt der moralische Impuls des Gewissens eine bedeutsame Rolle im Prozess der Selbstentwicklung.

Jungs Abhandlung über das Gewissen wurde gegen Ende seines Lebens geschrieben. Er beschreibt zwei Formen des Gewissens. Es gibt das Gewissen, das wir durch Lernen erwerben, durch die Einprägung von Werten durch unsere Eltern und Unseresgleichen und durch das traditionelle religiöse Dogma über das Gute und das Schlechte, das wir als das Über-Ich bezeichnen können. Aber es gibt noch eine andere Art von Gewissen, da, wie Jung sagt, das Phänomen des Gewissens in sich selbst nicht mit dem Moralkodex übereinstimmt, sondern ihm vorgeordnet ist, seine Inhalte transzendiert. Das Über-Ich, die erste Art des Gewissens, ist tatsächlich sekundär. Ich meine damit, dass wir nur auf Grund der psychologischen Anlage des Gewissens, der angeborenen Fähigkeit, Schuldgefühle zu empfinden, bestimmte Prinzipien auffassen und einem Moralkodex folgen, unseren Eltern und unseren religiösen Lehren gehorchen können. Das Gewissen ist eine psychologische Funktion *sui generis.* Es ist die Stimme der Selbstlenkung. Die selbstregulierende, selbststeuernde Aktivität der Psyche verleiht dem Gewissen seine Autorität. Wir können die Moralvorschriften ändern oder sogar die Moral abschaffen, aber das psychologische Phänomen des Gewissens können wir nicht aufheben.

Das Gewissen als ein Aspekt der Selbstregulierung ist die Stimme des Selbst, die mit den Inhalten des Über-Ich-Gewissens in Konflikt geraten kann und das auch durchaus tut. Dann gerät der Mensch in das Dilemma des individuellen Gewissens, das dem kollektiven Moralkodex widerspricht, in das Dilemma zwischen Gewissen an sich und seinen Inhalten. Das ist der Stoff der großen Literatur und auch der der täglichen Beratungs-Sprechstunde. Die organisierte Religion hat diesen Konflikt der inneren Stimmen längst erkannt und ihn zu Recht einen Kampf zwischen Dunkel und Licht, Gut und Böse genannt. Unglücklicherweise war sich die organisierte Religion hinsichtlich dessen, was dunkel und was hell sei, zu sicher, und war zu schnell bereit, ihre Ethik mit der guten Ethik zu identifizieren.

Ich sage „unglücklicherweise", weil in moralischen Konflikten das Gute oft gegen sich selbst streitet; die alte Königsstimme des Über-Ichs und die Stimme des Selbst, das erst geboren werden soll, und die durch das Göttliche Kind spricht, haben beide Recht. Aus diesen Konflikten kann sich ein neuer psychologischer Standpunkt ergeben, den wir auch eine neue Moral nennen können. Es handelt sich dabei um eine Verschiebung in der Position der Persönlichkeit, fort von der Einseitigkeit zu einer zentraleren Wahrheit hin. Diese Wahrheit lässt Anteile des Schattens zu, die bisher unterdrückt waren, und hebt sie mit der Zeit ins bewusste Leben. Aus Machtstreben wird wirksamer Ehrgeiz, Betrug wird zur sozialen Lüge, die Furcht zu versagen wird zur eingestandenen Schwäche, aus sexuellen Phantasien werden gelebte Beziehungen. Die Integration des Schattens transformiert ihn. Die Eigenschaften sind nicht mehr so dunkel, wenn sie ans Tageslicht gebracht werden und man den Mut hat, ihnen sowohl Freiheit zu gewähren, wie sie auch in Zaum zu halten. Vom psychologischen Standpunkt aus ist die Unterdrückung nicht nur etwas Schlechtes und die Integration etwas Gutes, sondern die Unterdrückung ist der Ursprung des Bösen und die Integration seine Erlösung.

Die innere Notwendigkeit, die den Alten König zwingt, seine Meinung zu ändern, spricht zuerst mit der ruhigen leisen Stimme des individuellen Gewissens. In Träumen ist sie zeitweilig ein Kind in Gefahr, ein krankes, verwundetes, ertrinkendes, verlorenes ... oder sie kann ein gefangener Verbrecher sein, ein Außenseiter der Gesellschaft, ein fremder Feind, ein Mann von anderer Hautfarbe, Rasse, Glaubenszugehörigkeit, oder ein Tier, das sich nicht töten lässt, das einen unerbittlich verfolgt, wie der Himmelshund ... und man hat Schuldgefühle, ahnt sich verantwortlich, fühlt das Bedürfnis, etwas zu tun. Irgendwo ist eine drängende Notwendigkeit, und wir tun nicht, was wir sollten. Dies „sollte" ist, trotz seiner bärtigen, kranken, kindischen, grotesken Formen die wachsende Seite unserer selbst: hilflos ohne unsere Fürsorge, so jung, dass sie unser nährendes Herz herausfordert, so krank, dass sie die Pflegerin in uns konstelliert, verfolgend, weil wir sie fliehen, gefangen, weil wir sie verurteilt haben, dunkel, weil wir sie nicht ans Licht ließen. Dies „sollte“ ist der Befehl der selbstregulierenden Funktion der Persönlichkeit; jedesmal werden wir gedrängt, einen zentralen Kern der Persönlichkeit zu verwirklichen. Jung hat diese dynamischen Zentren die Archetypen genannt. Der Archetypus, der während der Dunkelheit besonders in Mitleidenschaft gezogen wird, ist der archetypische Schatten, niemand anders als der Teufel.

Die Konfrontation mit der eigenen Dunkelheit führt zu jenen in höchstem Maße moralischen Themen, die ewige, archetypische Erfahrung des Wachstums wie der Zerstörung sind. Die menschliche Aufgabe im Umgang mit dem Schatten besteht darin, seine Teile wie Strähnen zu trennen, indem man die Erlebnisse und Bilder, wie sie auftauchen, sorgfältig mit Denken und Gefühl unterscheidet, um den verhüllten Erlöser zu befreien und den verkleideten Zerstörer nicht aus dem Auge zu lassen. Da die Strähnen gewöhnlich so verwirrt sind, können wir das eine nicht fördern, ohne beständig aufmerksam auf den Teufel zu achten.

Das bringt uns zu einem dritten und letzten psychologischen Grund für die Moral: der Kampf mit dem Bösen. Vom Standpunkt der analytischen Praxis ist dieser dritte Grund vielleicht noch wichtiger als die beiden bisher besprochenen: das Bedürfnis nach moralischen Konflikten und das Bedürfnis nach Internalisierung.

Die tiefste Schicht der inneren Dunkelheit, des Schattens, reicht über unsere persönlichen Sünden, Verbrechen, Nachlässigkeiten und Unterlassungen hinaus. Tiefer als diese liegen die Erfahrungen des Bösen, die nicht vermenschlicht werden können und die in den verschiedenen Religionen der Welt durch teuflische Kräfte dargestellt wurden. Wir haben in den dreißiger und vierziger Jahren in Europa Zeiten durchlebt – und in Algerien, in Tibet, in Südostasien und im Südosten der Vereinigten Staaten dauern sie noch fort – die die Kraft dieser Mächte enthüllen. Das Böse mag theologisch durchaus der Verlust des Guten sein, aber ehe das Gute auf der Szene erscheint, ehe der Verlust wieder ausgeglichen ist, ist die Erfahrung des Bösen psychologisch in der Tat sehr real. Und der Leidende leidet nicht so sehr unter einem Verlust als unter dem gegenwärtigen, aktuell wirksamen Bösen. Es ist absolut, grausam echt und da. Das archetypische Böse kann weder geheilt noch integriert noch vermenschlicht werden. Es kann nur abgewehrt werden.

Dr. Adolf Guggenbühl-Craig hat in seinen *Cutting Lectures* an der *Andover-Newton Theological School* mit unerbittlicher Beharrlichkeit diesen Standpunkt vertreten. Das Erlebnis des Bösen in der Form hartnäckiger Verfolgung, rachsüchtiger Vernichtung, zerstörerischen Leids, der Ausbeutung, körperlichen Qual und Folterung trägt in sich immer etwas anderes als das Dämonische. Dieses „andere" kann nur das Menschliche sein; es ist das menschliche Element im Teufel, das dem Bösen seine volle Wirklichkeit verleiht.

Das Dämonische oder Diabolische ist an sich selbst willkürlich, launisch, eine Sache des Glücks oder Zufalls. Es kommt und geht und scheint so sinnlos – je mehr das Böse archetypisch ist, desto mehr erleben wir es als unpersönlich. Es ist unbegreiflich, und wir verdienen es nicht. (Die gleiche Sprache verwenden auch die Empfänger göttlicher Güte: „Ich verdiene es nicht", „Es übersteigt mein Verstehen".) Das Böse wird bis zu einem gewissen Maße verständlicher und annehmbarer, wenn es mit etwas Menschlichem verknüpft werden kann, wie etwa mit den Sünden der Vorfahren oder dem persönlichen Motiv eines Feindes. Wenn das Böse göttliche Form annimmt (Loki, Luzifer, Hermes-Merkur, der Betrügerische), dann hat es Doppelnatur und kann, wie der Geist, für Schlechtes und Gutes wehen. Seine Ungeheuerlichkeit erreicht es nur, wenn es halb menschlich ist. Wenn es sich mit dem menschlichen Ich vereint, mit dem Willen, der Vernunft, der Begierde, mit denen der Mensch seine Handlungsweise wählen und ein Ziel verfolgen kann, dann wird das bloß Teuflische wahrhaft böse. Das bedeutet, dass der archetypische Schatten niemals volle Aktualität gewinnt, ehe er nicht in einen Pakt mit dem Menschlichen eintritt. Und wir müssen wohl zu dem Schluss kommen, dass auch der Teufel in und durch den Menschen zur Inkarnation gelangt.

Nur die Moral verteidigt mich gegen diesen Pakt, in meinem Leben, mit meinem Willen, meiner Vernunft und meinen Wünschen des Teufels Absicht verkörpern zu müssen. Das lässt uns den Wert der Moral neu einschätzen – denn mit was sonst als mit der Moral kann die Psyche sich gegen diese Kraft schützen? In diesem Sinn stammt alle Moral vom Teufel; sie ist die Antwort der Seele auf ihre eigenen bösen Fähigkeiten. Vielleicht können wir auf der Ebene der inhumanen Macht auch kaum mit Sicherheit zwischen den Quellen des Bösen und denen der Moral unterscheiden. Vom menschlichen Standpunkt aus, wie wir ihm in der analytischen Sitzung begegnen, scheint die Quelle beider die gleiche zu sein: sie ist transzendent.

Willkürliche schicksalhafte Ereignisse stammen von jenseits, so wie die moralischen Impulse selber. Die Ereignisse des Schicksals können positiv oder negativ vermenschlicht werden, als Tragödien, die uns veredeln, oder als Grausamkeiten, die ihren zerstörerischen Samen in künftige Generationen säen. Die menschliche Moral ist vielleicht nicht imstande, Tatsachen des Schicksals zu verändern, aber sie kann zumindest den archetypischen Schatten an der direkten Verkörperung verhindern. Sie schützt davor, das Böse zu agieren, geradeso wie menschliche Freundlichkeit die Schläge des Schicksals mildert.

Die Macht des Teufels scheint nicht in unserem Schatten zu wachsen, sondern aus unserem Licht. Er nimmt zu, wenn wir den Kontakt mit unserer eigenen Dunkelheit verlieren, wenn wir unsere eigene zerstörerische Neigung und unseren Selbstbetrug aus den Augen lassen. Die Theologie sagt, dass der Stolz direkt zum Bösen führt; die Psychologie kann das bestätigen, da Stolz, psychologisch gesehen, eine Verleugnung des persönlichen Schattens und eine blinde Faszination durch das Geblendetsein vom eigenen Licht ist. Daher ist der beste Schutz nicht die Verstärkung des Guten und des

Lichtes, sondern die Vertrautheit mit dem eigenen Schatten, mit der eigenen Teufelsähnlichkeit. Homöopathische Dosen des geringeren Übels als bittere Pillen moralischen Leids können prophylaktisch gegen das größere Übel wirken. Irren ist menschlich; Schatten zu haben und im Schatten zu sein ist menschlich. Nur dem Göttlichen und dem Dämonischen ist es möglich, keinen Schatten zu werfen. Das Menschliche wirft nur zur Mittagsstunde keinen Schatten, nur in der Blendung und im Zenit seines Stolzes. Aber die Mittagsstunde ist auch die Stunde Pans, so dass wir auf unserer höchsten Höhe in der Gefahr des tiefsten Falls stehen. Pan treibt unsere zivilisierte Moral in rebellische Panik, in Rausch und Lüsternheit. Er ist keineswegs tot, sondern tritt nun als Luzifers Erbe auf, von unten und von innen kommend, als der ambivalente „Fürst dieser Welt", und bringt eine Verwirrung, aus Vitalität und Dunkelheit gemischt, mit sich, eine fürchterliche Mischung im Namen der dionysischen Erneuerung. Unsere Besessenheit von Ekstasen, von Wiedergeburten durch das Unbewusste – sei es mit Hilfe der Musik, des LSD, des Orgasmus oder von Aufständen und Straßenkämpfen – verrät die Klauen und Hufe von Pan-Dionysos. Jede Psychologie oder Theologie, die die wirklichen Tiefen zu erreichen versucht, wird Pan und seinen Einfluss aus diesen Tiefen auf unsere Liebe und auf unsere Angst zur Kenntnis nehmen müssen.

Schließlich bedeutet die Realität des Schattens in der seelischen Beratung, dass Wahrhaftigkeit eine Gnade ist, die wir nicht erwarten können – weder von denen, die zu uns kommen, noch von uns ihnen gegenüber, noch von irgendwem Gott gegenüber. Der Teufel und unsere Teufelsähnlichkeit bedeuten Betrug, selbst wenn wir die besten Absichten hegen. Das ist die Wirklichkeit des Bösen. Die Dunkelheit wird niemals zerstreut werden, solange wir Menschen sind und im Schatten der Ursünde wandern und Luzifer der echte Sohn ist. Lüge und Schwindel sind immer gegenwärtig; und selbst die Wahrhaftigkeit auf der Seite Gottes kann bezweifelt werden, da er im Falle Hiobs dem Teufel sein Ohr lieh. Der Wirklichkeit des Bösen ins Angesicht zu sehen, bedeutet aber nicht, zynisch zu sein. Es bedeutet nur, dass der Optimismus der Wahrhaftigkeit-gegenüber-Gott vom Pessimismus der psychologischen Wirklichkeit getönt sein muss. Um wahrhaftig gegenüber Gott zu sein, müssten wir erst sehr viel mehr über die Wahrheit wissen – und was ist Wahrheit? Ein Hinweis auf die Erkenntnis der ganzen Wahrheit ließe sich vielleicht durch eine psychologische Neubewertung der rätselhaften Räuber und Diebe entdecken, die Jesus während seiner letzten menschlichen Stunden umgaben.

Die Realität des Schattens bedeutet, dass der einzelne seelsorgerische Berater sein eigenes, weitgespanntes kollektives Unbewusste erkennen lernt, die Schatten seiner eigenen Seele, denn die Unkenntnis in Hinsicht auf diese Schatten ist vor allem anderen verantwortlich für den langwährenden Abstieg des seelsorgerischen Berufs und unseres Glaubens. Der lastendste Schatten der Tiefen ist heute noch der gleiche wie immer: die Sünde des Stolzes, die Identifizierung mit der Figur Christi, die gerade jetzt, in Unterstützung der Rolle des Pastoralberaters besonders in den Vordergrund treten kann. Heute sind die Auswirkungen dieser Identifizierung besonders bedrohlich und schlimmer als früher, denn es ist ein „toter Gott", ein auf den falschen Weg geratener, ein im Ferment der Zersetzung und Wiederauferstehung zerfallener, der den Priester von hinten ergreift, so dass er die Geister nicht mehr unterscheiden kann und sagen könnte, wer hinter wem steht: Christus, der Teufel oder seine eigenen Komplexe. An den schattenhaft verwischten Rändern des heutigen Bildes mögen Christentum und Verbrechertum ineinander überfließen. Dem Märtyrerkomplex des leidenden Dieners und dem Heldenkomplex des Soldaten Christi kann ja soviel zugebilligt werden! Wenn unsere Zeit sich in der dunklen Verwirrung von Golgatha befindet, braucht man nur ein oder zwei Grade nach rechts oder links vom Kurs abzuweichen, und man kniet vor einem Dieb.

Das Instrument, das das Bewusstsein in Händen hat, um Werte zu beurteilen, um sich an das moralisch Gewichtige zu halten, um das Menschliche und Persönliche im besten Sinne zu erkennen, um Beziehungen lebendig und strömend zu erhalten, um Würde, Anstand, Freundlichkeit zu wahren, ist die Funktion des Gefühls. Wenn das Gefühl den erlösenden menschlichen Anteil beisteuert, dann ist die größte Gefahr die Eroberung und Besetzung des Gefühls durch den Teufel (in merkurischer Launenhaftigkeit, in satanischer Kälte, in den wilden Affekten des Pan). Das moralische Gefühl galt lange Zeit als ein Attribut der Gefühlsfunktion. Moralgesetze schützen den Menschen gegen Unzulänglichkeiten des Gefühls, indem sie Gewicht auf Benehmen und Gebräuche legen. Moralgesetze beurteilen Fehler im Lichte der Absichten des Handelnden und der Gefühlszusammenhänge von Situationen, statt auf Grund logischer und empirischer Irrtümer. So zeigt sich auch psychopathisches oder soziopathisches Verhalten, das allgemein für lasterhaft oder böse gilt und früher als moralischer Wahnsinn bezeichnet wurde, im Fehlen von Schuldgefühlen und von Gefühlen liebender Teilnahme an der menschlichen Gemeinschaft.

Das Dilemma des Schattens[9], das ich im letzten Teil dieses Kapitels behandelte – 1. das individuelle, selbstregulierende Gewissen vom offenbaren, oder kollektiven, Über-Ich-Gewissen zu trennen und 2. die Strähnen des Schattens, die gelebt und integriert werden können, von denen zu trennen, die untilgbar der Hölle angehören – diese beiden Aufgaben führen uns in das weitere Bereich des Gefühls. Die Erziehung oder Kultivierung der Gefühlsseite wiederum führt uns zur inneren Weiblichkeit, der wir nun das letzte Kapitel widmen wollen.

---

9. Mehr über die „Dilemmas des Schattens“ in Mythologie, Theologie und Psychologie findet man in: „Das Böse“, Studien aus dem C. G. Jung Institut Zürich, Zürich 1960.

IV.

Die innere Weiblichkeit: Anima-Wirklichkeit und Religion

Viele Pfade haben uns dahin geführt, nun die innere Frau zu diskutieren: das sich Befreunden mit dem Traum und der Gefühlsrapport mit der inneren Welt, die passiven Haltungen der Stille, des Schweigens, des Entgegennehmens und Zuhörens, die Kultivierung des Eros und die Vervollkommnung der Liebe; und selbst die Worte für die Seele – Psyche und Anima – sind weiblich im Ursprung und in ihrer Beibedeutung. So ist der Gegenstand dieses Kapitels das Weibliche; aber die Frauen, die uns jetzt beschäftigen sollen, sind unsere eigenen inneren Frauen, jene weiblichen Bilder und Impulse, die durch die inneren Gänge der Psyche wandern, oft vernachlässigt, manchmal herabgesetzt und sicherlich missverstanden. Wir können mit der Beschreibung der Erfahrung des Unbewussten oder seiner Beziehung zur Religion nicht fortfahren, ohne uns mit der inneren Weiblichkeit bekanntgemacht zu haben.

Durch die Träume der Männer fluten unzählige Frauen. Es ist eine Abwehr gegen das Weibliche, wenn man versucht, dieses großartige Spektrum auf „Mutter-Ersatz" oder „Tochter-Imagos" zu reduzieren. Die übliche Ansicht, dass Frauen in den Träumen der Männer Familienfiguren widerspiegeln, muss dahingehend erweitert werden, dass sie all die Vielfalt des Weiblichen, der ein Mann im Laufe seines Lebens begegnet, umschließt.

Wollen wir einige der vertrauteren Bilder ansehen, beginnend mit dem der älteren Frau, die lehrerinnenhaft ist, perfektionistisch, kritisch. Ihr kann man es nie ganz recht machen, nie genug tun, und im wachen Leben ist man ständig unter dem Druck, es besser zu machen, anzugreifen, was gemacht wurde oder in Klagestimmung zu geraten. Sie will, dass wir besser wären, aber ihr Drängen nach dem Besten untergräbt das Gute, das ist. Im Namen hoher Ideale überzeugt sie uns am Ende von unserer Wertlosigkeit. Wir verlieren die Initiative und werden fauler. Was für ein Unglück ist es, wenn diese innere Frau auf jemanden in der Nähe projiziert wird, zum Beispiel auf eine Ehefrau, die dann anfängt, die Rolle des Bildes zu agieren – und ihm sogar ähnlich wird –, das einen Mann aus seinem eigenen Unbewussten plagt.

Diese Frau, die häufig älter als der Träumer dargestellt wird, kann auch wohltätige Qualitäten haben. Es gibt Figuren – Tanten, berufstätige Frauen, reife Freundinnen – die ermutigend sind, zuhören können, Wissen aus Erfahrung zu bieten haben, mit denen eine Beziehung ohne sexuelle Verwicklung möglich ist. Sie nehmen eine hohe Position ein, eine Position der Autorität und selbst der Macht, doch scheinen sie eher durch Zurückhaltung und Vorsicht zu regieren als durch direkte Aktionen. Dieses Bild als „die positive Mutter“ zu etikettieren, genügt nicht. Sie fährt fort, von Zeit zu Zeit in den Träumen eines Mannes aufzutauchen, und zeigt damit seine Möglichkeit an, eigene Weisheit, eigenen Rat, eigene Lebenserfahrungen zu entwickeln und richtig zu gebrauchen. Sie hat eine gewisse Freundlichkeit und Güte, aber sie duldet weder Kompromisse noch Verzögerungen. Eine dritte Figur, die der eben beschriebenen ähnelt, ist allzu positiv. Sie flüstert Tag und Nacht einfache Worte der Ermutigung, bis ein Mann glaubt, dass er wirklich eine ganz bemerkenswerte Figur ist, denn sie liebt ihn – was nichts anderes bedeutet, als dass er selbst in sich verliebt ist. Wir finden sie in Träumen als jemand ziemlich weltliches, oft ehrgeizig, oft verschwenderisch und unbedacht, aber manchmal gerade als das Gegenteil: einfach, dumpf und gut, aber sehr verliebt in den Träumer. Sie besitzt die Fähigkeit, ihn in einen Löwen, einen herrschenden, prächtigen und faulen Brüller zu verwandeln. Stolz und Eitelkeit, Machtstreben und leere Einbildung treten hervor. Diese Art von ermutigender, positiver weiblicher Figur bläht aber nur eine Seite des Mannes auf – seine Äußerlichkeit, seine Persona, seine Weltlichkeit. Obgleich sie die Anima repräsentiert, das heißt das Bild der Seele, führt sie einen Mann tatsächlich von seinen Werten und Tiefen fort. Sie ist die falsche Braut, die einen Mann mit den falschen Werten vermählt.

Die Werte und Tiefen der Seele werden manchmal in Träumen durch eine weibliche Figur repräsentiert, die nicht viel Charakteristisches hat, ein unbedeutendes Gesicht, eine Person aus der Vergangenheit, die man kaum bemerkte und der man nicht viel zutraute und die doch in verschiedenen Verkleidungen in Träumen wieder auftaucht, auf Aufmerksamkeit wartet, oder schlimmer, die krank ist, in Gefahr, in Todesnot. Denn es ist meine Sache, etwas für die vernachlässigten Werte und Tiefen zu unternehmen, meinen Charakter durch aufmerksames Interesse herauszumeißeln, zu entdecken, was unerkannt in mir liegt, auf Werte zu vertrauen, die bisher nicht viel zu gelten schienen. Vor allem aber ist die kranke und einsame, arme und unbegehrte Figur, die sich in Gefahr befindet, ein Bild der Seele, das Depressionen, psychologische Verarmung, vielleicht sogar Seelenverlust ankündet. Ihre Not konstelliert die heroischen Anstrengungen meines Ichs.

Die Figur wird vom Unbewussten gewöhnlich als jünger dargestellt, was auf einen Teil in uns hinweist, der weniger ausgereift ist. Positiv gesehen, bedeutet das ein Potential, das wachsen und sich ändern kann, das etwas Frisches, Neues, Hoffnungsvolles trägt. Auf der negativen Seite bedeutet es etwas zu Junges, Unerwecktes, einen Sog nach rückwärts in die Adoleszenz. Es ist eine ebenso große Belastung der Psyche, mit einer zu weitgespannten Diskrepanz zwischen innerem und äußerem Alter umherzugehen, wie es für einen Mann von vierzig wäre, öffentlich mit einer Gymnasiastin am Arm aufzutreten.

Es gibt noch eine bevorzugte Figur: die kühle, blasse Blonde. Sie kommt aus fernen Gegenden, wie etwa Norwegen oder Alaska, oder hat etwas Winterliches an sich, das kalt, fern, schweigsam ist. Sie ist abgesondert und bietet etwas Spirituelles und Sublimes. Sie kann sehr aufregend sein, insofern ihre Frigidität und Distanz einen Mann zu übermenschlichen Anstrengungen an Wärme und Nähe veranlassen. Diese Art von Anima kann von anderen als Kühle des emotionalen Lebens empfunden werden, so als wäre ein Mann etwas, das fernab von anderen ist, schwer zu erreichen, sogar gleichgültig gegen andere, trotz gegenteiligem Anschein und trotz dem, was er sagt. Er neigt dazu, irgendwie zu verblassen, in ferne Regionen zu verschwinden – was alles sehr faszinierend sein kann, weil es so frustrierend ist. Er ist so schwer festzulegen und zu binden, als wäre er nicht in Fleisch und Blut anwesend, als wäre seine Seele etwas sehr Seltenes und Dünnes, wie nördliche Luft oder das feingesponnene flachsene Haar. Sein emotionelles Leben ist zurückgezogen und geheimnisvoll und zur gleichen Zeit intensiv leidenschaftlich, denn Leidenschaft ist nicht Wärme; sie ist viel eher die blaue Flamme, die das Eis konstelliert.

Manchmal erscheint in Träumen eine Hure und zeigt einem Mann, dass er in zu leichtem Handel mit jedem vorüberziehenden Geist steht. Seine Gefühle reagieren nicht echt, sondern können für ein, zwei Stunden aufgenommen werden und dann vergessen. Seine Gefühle stehen zum Verkauf oder auf Abruf durch andere bereit. Darüber hinaus wertet er sein eigenes inneres Gefühlsleben nicht weiter, abgesehen von den Erregungen, die es ihm vermittelt. Seine emotionale Promiskuität hält ihn von der Ehe und von Verpflichtungen gegenüber seinem eigenen Selbst ab. In Träumen ist dieses Bild manchmal deprimiert, einsam und missbraucht. Weil er sich selbst auf diese Weise missbraucht, wird er von anderen missbraucht und missbraucht sie. Seine Beziehungen beruhen hauptsächlich auf dem Prinzip der Nützlichkeit. Die alte Hure andererseits kann eine positivere Bedeutung haben: sie spiegelt eine gewisse Unpersönlichkeit in menschlichen Dingen wider, weil sie über alles hinaus ist und so viel gesehen hat, dass nichts Perverses sie mehr erstaunt. Ihr Bild erzählt einem Mann von seiner eigenen Mischung aus zynischer Lässigkeit, Heiterkeit und Mitleid.

Die wahre materialistische Gewöhnlichkeit der Erotik und der seelischen Werte eines Mannes wird weniger durch die Hure dargestellt als durch die kollektiven populären Bilder der Unterhaltungsindustrie und der Publizistik. Gleich den Göttinnen vorzeiten, haben auch sie ihre weltweiten Epiphanien, jetzt aber projiziert in die verdunkelten Tempel von hunderttausend Filmtheatern oder auf die flackernden Hausaltäre von hundertmillionen Bildschirmen. Mit tierköpfigen Gemahlen und kastrierten Anbetern durchziehen sie die Kontinente. Alles was Sterblichen verboten ist, ist ihnen erlaubt. Die Priester ihres Kultes bewahren ihre Bilder durch Farbe, Andenken und fabrizierte Legenden. Ihr weitgespannter finanzieller Erfolg ersetzt das innere persönliche Versagen eines Mannes. Je mehr die innere Frau durch Bilder aus Film- oder Modeindustrie dargestellt wird, desto kollektiver allgemein, desto mehr wie die jedermanns sonst, werden die seelischen Qualitäten des Mannes sein. Je hübscher die Anima, desto weniger schön mag die Seele sein; je populärer das Bild, desto weniger individuell die Beziehungsform eines Mannes; je attraktiver im Sexuellen die kollektive Göttin, desto weniger Chancen hat ein Mann, sich von Ischtars tierischem Zwang zu befreien, Seele und Fleisch voneinander zu lösen.

Das Mädchen, das ein Vogel ist, ist eine andere bekannte Figur der Mythologie der inneren Weiblichkeit. Vielleicht ist sie rosig und geschmückt, in einem Ballkleid oder in dauniger Babywäsche, aber wie immer ihre weiche Hülle sei, ist sie eine ätherische Kreatur, die durch die Luft flattert. Sie nimmt einen Mann auf Zauberflüge der Phantasie mit sich, versetzt ihn in das rosige Glühen des Optimismus und füllt seinen Kopf mit den federleichten Gedanken der Pseudophilosophie und undurchführbarer Pläne, die keine Substanz haben und von jeder Meinungsströmung fortgeblasen werden. Ein Mann hat Schwierigkeiten, sich niederzulassen und nachzudenken;

immer hört er die Sirenen irgendwo anders singen. Dieses sentimental romantische Bild kann auf eine Frau in der Außenwelt projiziert werden, so dass sie anfängt, als *baby-doll* zu leben, phantastisch und mit Vogelhirn.

Ihr Gegensatz hat tönerne Füße, ist selbst aus Lehm. Die Reduktion der Anima zur bloßen Materie, zu einer Frau aus den Hinterwäldern, ist auch ein Bild unserer Träume. Diese Bäuerin mit den schweren Schenkeln und Brüsten, dumpf und langsam und halb schwachsinnig, reflektiert die niedrige Position, die der Intellektuelle aus der Stadt dem Weiblichen zuweist. Sie gehört nur in die Küche oder hinter die Scheune, wo er obszöne Witze erzählen und mit ihrer vollen, ungehobelten Zustimmung gefühllose, beleidigende Bemerkungen machen kann. Frau oder Tier, vorn oder hinten, Mutter oder Frau – das ist ganz gleichgültig. Dieses Bild einer archaischen Erdseele ist das hässliche, materialistische und unschöpferische Gegenstück zu dem modernen Mann, der in seinen hohen und trockenen Strukturen zynischer, kritischer und technischer Raffinesse eingeschlossen existiert.

Ein positiveres Gegenstück der modernen Ich-Bewusstheit ist das Mädchen aus einer älteren Kultur. Sie kann jüdisch, ägyptisch, mittelmeerisch sein oder aus China stammen, und sie weist auf eine Zeitschicht hin, ehe Sinnlichkeit und Geist gespalten waren. Auch sie stellt die Verbindung zur Erde her, zu einem sicheren Hintergrund von Tradition, aus dem neue Dinge wachsen können. Ihr Bild wird von der Erfahrung historischer Tiefe begleitet. Sie ist ein Gefäß menschlicher Wärme und vermittelt das Gefühl uralter Bedeutungen, einer langen eigenen inneren Vergangenheit, einer Seele, die mit der Vorzeit verflochten ist und die, wenn sie nur die Schwelle überschreiten darf, über eine kulturelle Weisheit verfügt, die grundlegende Urformen mit viel mehr Intuition erfassen könnte als das moderne Ich.

Eine andere der häufigeren Figuren ist das junge verführerische Mädchen, manchmal sonnengebräunt, manchmal nackt, oft tanzend oder schwimmend – das heißt, in Verbindung stehend mit Farbe, Leib, Musik und Wasser. Ein besonders hervortretender Zug sind ihre Haare, die unter Umständen beim Erwachen das Einzige sind, woran wir uns genau erinnern. Sie kann aggressiv verfolgend oder still faszinierend sein, auf alle Fälle aber mobilisiert sie Libido, und ihr Erscheinen ist ein Anruf. Sie kennt das Geheimnis des Spiels und erweckt heidnische, außerchristliche Assoziationen einer anderen Religion und anderer Moralsysteme. Manchmal befindet sie sich auf einer Insel, ist eingeschlossen oder kann einfach nicht „herauskommen"; manchmal kann man sie nicht am Telefon erreichen, die Leitung ist unterbrochen, manchmal steht sie in Verbindung mit Tieren oder ist selbst halb tierisch. Häufig hat sie einen interessanten Vater – wie in den Legenden, wo es nur eine Prinzessin und einen mächtigen König gibt – was sich in unseren heutigen Träumen durch das College-Girl wiederholt, das auftaucht, selbst vielleicht nicht sehr interessant, das aber, wie man sich erinnert, einen bedeutenden Vater hatte.

Schon dieses Bild verrät uns sehr viel. C. G. Jung hat es eine typische Anima-Figur genannt. Sie ist mit Tieren und dem Leben im Wasser assoziiert – das heißt, mit den Trieben, mit dem Strömen des Gefühls, mit Flüssigkeit und Rhythmus, mit Natur und körperlicher Lust. Ihre Faszination, ihre zwingende Anziehungskraft, weist auf die Wichtigkeit dieses Elementes für die psychische Vollständigkeit hin. (Denn wir erinnern uns, dass, wenn ich in einem Traum verfolgt werde, es auch bedeutet, dass ich fortlaufe; wenn also etwas anziehend ist, so bedeutet das auch, dass dieser Aspekt der Psyche der Aufmerksamkeit bedarf. Wenn ich dem Unbewussten keine Aufmerksamkeit zuwende, dann benutzt die innere Welt Verführung, um das Ich auf sich aufmerksam zu machen. Die verführerischen Regungen der Zauberin fangen meine sexuelle Energie ein.)

Der bedeutende Vater, der hinter dieser Anima-Figur steht, verrät zum Teil, warum ihr Einfluss so zwingend ist. Hinter ihr, oder eigentlich durch sie, wird man zur eigenen vollen Vaterschaft geführt, zur eigenen Männlichkeit. Mit anderen

Worten: der Weg zur größeren, stärkeren, fester gefügten Mannheit führt über die innigere Verbindung mit der eigenen inneren Weiblichkeit. Man kann dieser Konfrontation nicht ausweichen, die Anima nicht umgehen, sonst wird sie nur noch stärker aufbegehren, verführerischer oder fordernder werden.

Da der Mann psychologisch in einem Harem lebt, ist es nützlich, seinen inneren Haushalt kennenzulernen. Wir tun gut daran, zu wissen, durch welche Faszination wir behext werden, in ein phallisches Tier verwandelt, zur Unbeweglichkeit versteinert, oder in die Tiefe des Wassers und fort vom wirklichen Leben gelockt werden. Wir tun gut daran, zu wissen, wessen Rat wir unbewusst folgen, wo unser Aschenbrödel in Schmutz und Asche sitzt oder Schneewittchen im vergifteten Schlaf liegt, welch hysterische weibliche Tricks wir spielen, uns selbst mit Affekten und Launen betrügend, welche Muse uns inspiriert, welche Beatrice uns entflammt und wer der wahre Favorit ist, der die tiefsten Möglichkeiten unserer Natur in Bewegung setzt und unser Schicksal in Händen hält.

All diese Frauen sind Bilder der Anima, der Seele. Durch sie enthüllt sich das innere Leben eines Mannes, seine persönliche Beziehung zu sich selbst und zu dem, was jenseits von ihm liegt. Insofern diese Bilder meine Reaktionsfähigkeit und meine Innerlichkeit ausdrücken, stellen sie auch die Formen dar, in denen mein religiöses Leben sich entfaltet. Wenn mein Seelenbild zu jung ist oder zu kalt oder zu materialistisch oder zu kritisch, dann wird mein religiöses Leben entsprechende Verzerrungen aufweisen. Die Seele war in der Tradition christlich *(anima naturaliter christiana),* aber die Anima des modernen Mannes kann alles andere als das sein. Ohne diese Konfrontation mit dem inneren Weiblichen kann die konfessionelle Anhängerschaft selbst des Geistlichen unter Umständen nur seine Überzeugung auf der Ich-Ebene bestätigen. Innen und in der Tiefe mag viel anderes vor sich gehen.

Es gibt noch einen anderen Weg, seiner inneren Weiblichkeit näherzukommen, und zwar durch das Gefühl oder die

Stimmung. Wie wir schon festgestellt haben, stoßen wir durch Träume und Phantasien unversehens auf das Unbewusste, aber wir tun es auch in Affekten.

Manche Affekte sind ihrem Wesen nach besonders weiblich – zum Beispiel Selbstmitleid, Empfindsamkeit, Sentimentalität, das Gefühl der Schwäche und Abhängigkeit, Depressionen. Das heißt nicht, dass diese Affekte besonders bei Frauen vorkämen. (Im Gegenteil, die Affekte der Frauen sind gewöhnlich männlicher: Überzeugungen, Meinungen, Prinzipien, Beweisführungen aller Art, ausgedrückt durch ihren Rechtsanwalt / Kaufmann / Polizisten / Prediger / Staatsmann-Animus. Manchmal zerschmettert er Sachen, knallt Türen oder präsentiert andere Beweise des Stierkämpfers / Diskuswerfers / Sechs-Tage-Fahrers / Trapezkünstlers.) Selbstmitleid, Depression, Sentimentalität und das Gefühl der Abhängigkeit sind insofern weiblich, als sie sich für einen Mann weiblich anfühlen. Sie haben kein „geh los!“ in sich. Sie vermindern die Fähigkeit des Mannes, etwas zu leisten, so wie Auseinandersetzungen und Streitigkeiten oft die Fähigkeit der Frau herabsetzen, zu verbinden und zu verknüpfen. Daher kann die Vertrautheit mit der eigenen Weiblichkeit den Verlauf einer Reise durch manche der Orte annehmen müssen, die der Pilger in John Bunyan's „Pilgrims Progress“ aufsuchte.

Nur in intimen Situationen werden Männer diese innere Weiblichkeit, diesen sensitiven, zarten, empfindlichen Punkt verraten. Besonders schwierig ist das *Selbstmitleid*. Wenn Menschen zu uns kommen, sind sie häufig verzweifelt und vielleicht zu rührselig und zu Selbstmitleid geneigt: der zu unrecht in einem ehelichen Streit Angegriffene, der schwer arbeitende Vater, der mit seinem Sohn geschlagen ist, und dergleichen. Aber es gibt ein Selbstmitleid, das vielleicht schwerer zu erkennen ist, weil es schwerer zuzugeben ist. Es unterscheidet sich von dem Selbstmitleid, das eher eine Selbstrechtfertigung und Verteidigung ist. Meiner Ansicht nach ist es die lange Tradition, die durch die Kirchen unterstützt wurde, die diese andere Art des Selbstmitleids so schwer einsehbar gemacht hat.

Der Klerus hat lange Zeit darauf gedrungen, dass man seinen Nächsten lieben müsse, aber diese Liebe ging zu häufig auf Kosten der Liebe zu sich selbst – besonders da dieses Selbst von Anfang als sündig gebrandmarkt wurde. Die Liebe wurde als Forderung auferlegt, als eine Ermahnung, Nachbarn und sogar Feinde zu lieben; zu lieben, wo ich nicht lieben kann und keine Liebe fühle. Selbst wo meine Liebe nicht strömt, werde ich doch gedrängt, Liebe durch den Willen in Aktion zu setzen. Aber die Entwicklung der Gefühlsseite der Persönlichkeit fängt oft nicht dort an, wo man es vermutet, nicht mit Gefühlen für einen anderen Menschen. Vielmehr beginnt sie oft im Schatten, mit Selbstmitleid, mit Gefühlen für einen selbst. Aus dem Bedürfnis nach Zärtlichkeit und Streicheln, danach, aufgenommen zu werden, versorgt und angehört zu werden, stammt die wirkliche Fürsorge für einen selbst. Selbstmitleid ist der Anfang der tiefen Sorge und Fürsorge für sich selbst. Und durch das Selbstmitleid kann ich dahin geführt werden, eine Menge vernachlässigter Werte in mir selbst wiederzuentdecken, die auf diesen Sturz in sehnsüchtiges Verlangen nach Erlösung, in verlorene Strebungen und Reue über falsche Entscheidungen gewartet haben. Denn das Selbstmitleid ist eine Form der Selbstentdeckung, der Selbstoffenbarung; es offenbart mir meine Sehnsüchte. Was meinem tiefsten, verletzbarsten und empfindsamsten Teil wirklich wichtig ist, wird offenbar. Hier beginnt die vertikale Verbindung in mir selbst sich weiter nach unten auszudehnen.

Die Sentimentalität und Trivialität, die uns überfällt, trägt uns in frühere Tage zurück, zu College-Songs und ihren Texten, zu dem Mädchen, das wir nicht bekamen, zu den Ablehnungen, Verletzungen und Verrätereien. Wenn sie nicht wieder aufgeschlossen und neu erlebt werden, werden aus diesen verdrängten Überresten eben jene Schranken, die die Erwachsenen von ihren eigenen heranwachsenden Kindern trennen. Der inzestuöse Impuls wird intensiviert durch die eigenen ungelösten jugendlichen Sehnsüchte, wieder einer Welt anzugehören, die sich abgespalten hat, und wird durch die Bilder des zu jungen Mädchens ins Unbewusste getragen. Sich seinen eigenen heranwachsenden Kindern anzunähern, wird weniger problematisch, wenn man nicht mehr von dem unreifen Jugendlichen im Inneren bedroht ist.

Vielleicht ist Traurigkeit ein besseres Wort als Verzweiflung; es klingt vertrauter und einfacher. Die Verzweiflung hat ihre Gegenmittel: mehr Mut, mehr Schwung, mehr Glaube, größere Anstrengungen. Aber die Traurigkeit ist ein Unterton, der zunimmt, ist der länger werdende Schatten auf der Sonnenuhr, wenn der Tag sich zum Abend neigt. Diese Traurigkeit scheint ein Leiden der Männer zu sein, eine Feststellung ihrer weiblichen Seite, wenn sie älter werden. Es ist, als ob Frauen ihre Traurigkeit bewusster mit sich trügen, als Teil ihres weiblichen Realitätssinns, denn sie sind sich meist der Wirklichkeit des Alterns sowieso bewusster. Ein Mann aber erreicht fünfunddreißig oder vierzig Jahre, oder es dauert sogar bis nahe an fünfzig, und fühlt sich traurig; auf seinem Herzen lastet ein Gewicht, und was er auch tut, es geht nicht fort. Das ist typisch für einen Anima-Zustand, eine Anima-Stimmung, die ständige Begleitung einer Seele, die zur Last geworden ist, weil ihr nicht gegeben wurde, was sie brauchte. Das ist die Zeit, in der der Mann am gefährdetsten ist gegenüber einer Liebesaffäre, die irgend etwas lösen kann, oder auch nicht; und sollte sie den andauernden Unterton der Trauer lösen, so wird sich das nur als kurze Erleichterung erweisen, es sei denn, die Beziehung leiste etwas für die weibliche Seite seiner selbst, kultiviere sie, verhelfe ihr zum Ausdruck und, mehr noch, reorientiere seinen gewöhnlichen, gewohnheitsmäßigen männlichen Standpunkt im Sinne der weiblichen Werte des Lebens. Denn gerade dies – die Reorientierung des männlichen Standpunktes – scheint der Zweck dieser weiblichen Gefühle zu sein, die uns deprimieren und schwächen. Sie lösen unsere Krusten ab, erweichen das Herz, schwächen unseren rechten Arm zugunsten des linken, wo wir ungeschickt sind und nicht zurechtkommen. Wenn alle psychologischen Ereignisse Intentionalität besitzen, dann bewegen sie sich auf irgendeinen Sinn hin. Die Störung, die das maskuline Bewusstsein des Weiblichen erleidet, hätte dann den Sinn, den gewöhnlichen Standpunkt zu schwächen und zu verweiblichen. Das bedeutet, dass nach der Lebensmitte, vorausgesetzt, dass das Leben bis zu seiner Mitte eine bestimmte männliche Entwicklung genommen hat, der Weg nicht in der Fortsetzung der gleichen Linie besteht, nicht im „mehr vom Gleichen", sondern in der Ausweitung der Persönlichkeit durch ihren Gegensatz. Einen Aspekt der Gegenseite des Ichs haben wir im letzten Kapitel kennengelernt: die dunkle Seite des Schattens. Der andere Aspekt tritt uns nun entgegen: die innere Weiblichkeit.

Lassen Sie uns nun diese psychologischen Beobachtungen über die Persönlichkeitsentwicklung mit den weiblichen Symbolen und Vorbildern in der religiösen Erfahrung in Beziehung setzen. Lassen Sie uns weitere Aspekte der weiblichen Seite, wie sie die vergleichende Religionsgeschichte uns als Beispiele liefert, amplifizieren.

Der Schamane, über den Mircea Eliade ein außerordentlich interessantes Buch verfasst hat[10] vollzieht in manchen Kulturen im Laufe seiner Initiation in die Mysterien seines Priestertums eine rituelle und symbolische Geschlechtsumwandlung, einschließlich des Transvestitismus und der Homosexualität, indem er als Frau eines anderen Mannes lebt. Er wird als „weicher Mann" oder als „Mann, der einer Frau gleicht" bezeichnet. Die Integration der weiblichen Seite durch Ausleben im Ritual findet sich in Sibirien, Patagonien und Indonesien und bei asiatischen Eskimos und amerikanischen Indianerstämmen.

Der größte unter den griechischen Vorbildern, Herkules, dieser Mann der Männer und Held der Helden, diente nach der Vollendung seiner zwölf Arbeiten der Königin Omphale. Nachdem der Prozess, sich durch die mühseligen Aufgaben durchzukämpfen, um ein bewusster Mann zu werden, abgeschlossen war, stieg Herkules nicht zu größeren Höhen und Ehren empor. Er wurde wahnsinnig; und, was für unser Thema wichtiger ist, er wurde der Diener einer Frau. Es gibt

10. M. Eliade, *Schamanismus und archaische Ekstasetechnik*, Zürich 1956.

Vasenbilder, die Herkules in Frauenkleidern zeigen. In späteren Variationen der Mythen leistet der Halbgott Frauenarbeit und setzt sich auf Bitten der Königin ans Spinnrad[11].

Odysseus, wiederum ein Held von übermenschlicher Größe, der treue Gatte und listenreiche Menschenführer, verbrachte auf seiner zehn Jahre währenden Rückreise aus dem Kriege ein ganzes Jahr auf der Insel der Circe, gab seine dringliche Reise, das Ziel seiner Fahrt um der Freuden ihres Tisches und Bettes willen preis. Dann erst, geschmückt, gegürtet und ausgerüstet von weiblicher Hand, verzögerte und änderte er den Plan seiner Reise und erwarb dadurch vorausschauendes Wissen, Hilfe, Kraft und Weisheit, um die nächsten Phasen seiner Heimreise bestehen zu können.

Eine Amplifizierung in der Umkehrung wäre die Orpheusfigur. Orpheus bedeutet vielleicht die früheste westliche Darstellung einer nicht-weltlichen Religion, deren Lohn in einem anderen Leben, in einer anderen Welt zu erwarten ist. Nach dem Tode seiner Gattin mied er alle Frauen, weigerte sich, sie in die Mysterien einzuweihen, und verbot seinen Anhängern, an den dionysischen Feiern teilzunehmen, die eine betont weibliche Komponente hatten. Orpheus' Lohn für seine Frauenfeindlichkeit war der Tod durch die Hand der Frauen. Sie erschlugen ihn brutal und zerrissen ihn. Die weibliche Seite – die Natur und der Tanz des Lebens, die in den Mänaden versinnbildlicht werden – die er verleugnete, kehrte zurück, wie es das Verdrängte immer tut, und tötete ihn in rasender Leidenschaft. Gegen diese weiblichen Kräfte bot nicht einmal die Musik oder seine asketische Religion einer anderen Welt eine Verteidigung[12].

Bei den hinduistischen Götterfiguren wird der weibliche Aspekt, wie die Vitalität oder *Shakti,* als ein bestimmtes Bild mit seinen eigenen Attributen dargestellt. Wer Shiva verehrt (oder Krishna und Vishnu), verehrt ebenso die verschiedenen Göttinnen, die der Inkarnation des Gottes zugestellt sind.

11. K. Kerényi, *Die Heroen der Griechen*, Zürich 1958.
12. Ebd.

Betrachtung und Verehrung des Weiblichen bringt Heiterkeit und Liebe zum Leben mit sich, denn seine rhythmisch wechselnde Schönheit ist ein wesentlicher, wenn auch paradoxer Teil des asketischen Shiva- Glaubens.

Die femininen Eigenschaften Buddhas sind offensichtlich: die schwere, schweigsame, dickbäuchige, weichbrüstige Rezeptivität; die riesigen Ohren, die offen sind und aufnehmen; der Baum, unter dem er sitzt und die Lotus-Haltung; Erbarmen.

Die Amplifizierungen der integrierten Weiblichkeit in der jüdisch-christlichen Religion sind ja weitgehend bekannt. Wollen wir aber trotzdem – als Andeutung und Hinweis – ein paar Themen überschauen. Der Sabbat ist in der jüdischen Tradition weiblich. Er wird am Freitagabend als ein weiblicher Gast willkommen geheißen, als freudebringende Königin. Es ist die Zeit des Wohlbehagens und der Entspannung nach dem Ende der Arbeit, die Zeit für die Sinne, für menschliche Beziehung – die weibliche Seite – und daher auch die Zeit für die Familie geworden. In der Kabbala ist die eine Seite des Baumes der Zehn Sephirot, die Seite von Gottes Gnade oder Liebe, weiblich, und so ist es die *Schechina,* der mystische Leib Israels, das Volk als Einheit, das Volk als Gottes erwählte Braut oder als wandernde Dirne, das Land Zion und alle ersehnten aber noch nicht erreichten Bilder der Erfüllung. Denn als Frau, in ihrer weiblichen Form, empfängt und erkennt die Seele Gott.

Die Bedeutung der Frauen im Neuen Testament ist zu bekannt, um darauf zurückzukommen; das Gleiche gilt für die immer wachsende Bedeutung der Frauen und der weiblichen Symbolik in der Leidensgeschichte Jesu. Unter allen Stärken Jesu ragt die Stärke seiner *Schwäche* vor allem hervor, seine Sympathie und sein Verständnis für menschliche Schwäche. „Jesus weinte". Auch auf den Marienkult brauchen wir nicht weiter einzugehen, ebenso wenig wie auf die Litanei oder die Symbolik der Rosen, Gärten, Brunnen, Palmen, Lilien, die mit dem archetypischen Bilde Marias verknüpft sind. Aber es lohnt sich, daran zu erinnern, dass der Heilige Geist, der heute meist als weiterer männlicher Aspekt der Dreifaltigkeit aufgefasst wird, die Taube zum Bilde hat, die einst Aphrodite zugehörte und während der ganzen Antike die Liebe und die die Liebe einflößende Göttin bedeutete.

Im Verlaufe der Renaissance wurden viele Aspekte der Geschichte Jesu von der Malerei aufgegriffen. Dabei schien ein bestimmtes Bild das Interesse der Maler durch Jahrhunderte besonders auf sich zu ziehen: die Verkündigung. Maria wird dabei als junge, kindliche Unschuld dargestellt, sorgfältig gewandet und in einem mauerumschlossenen Innenraum verweilend; nicht anders als ein Schulmädchen zuhause in seinem Zimmer, oft mit Handarbeiten beschäftigt oder lernend, dem plötzlich der Engel entgegentritt. In ihrem Körper soll sich die Erlösung vorbereiten. Sie ist erschrocken, voll Erstaunen. In ihrem Gesicht mischen sich Angst und Ablehnung mit Bereitschaft.

Dieses Motiv tritt heute bei Männern und Frauen auf. In dem Bild des Schulmädchens unserer Träume, in diesen zu jungen Gefühlen – zu naiv, zu unschuldig, zu selbstbezogen – kann etwas Erlösendes heranwachsen, das schließlich zu unserer eigenen Erlösung und zur Reifung der femininen Seite führt, bis sie sich jener Figur der Weisheit und Gnade annähert, zu der Maria am Ende der Geschichte wird. Aber zu Anfang ist es Erstaunen und Schreck, was uns geschieht, denn irgendwo sind wir alle Jungfrauen, sind empfindsam, scheu, psychologisch naiv, unerforscht in unserem Gefühlsleben, nicht bereit, zur Beteiligung aufgerufen zu werden, unerweckt gegenüber den Schrecken der Wahrheit, der großen Herausforderung widerstrebend, und ziehen es vor, da zu bleiben, wo es sicher ist, zuhause, vertraut und beschützt, mit Büchern oder ein bisschen Handarbeit, freundlich, mildtätig, gehorsam, voll guten Willens. Aber aus all diesem Wohlverhalten kann wenig entstehen, es sei denn, der Schoß der Seele empfängt die Feuersaat des eigenen einmaligen Wesens, das seine schöpferische Sehnsucht erfüllt. Aus der inneren Befruchtung geht das Erlebnis der Erneuerung hervor.

Diese zusammenfassende Darstellung soll ein Hinweis

darauf sein, *warum* die Kultivierung der eigenen Bilder- und Stimmungswelt, des Gefühls und der Phantasie, des eigenen Gartens, so wesentlich für das ist, was man das religiöse Moment nennen könnte. Da das religiöse Moment einer passiven Einstellung gegenüber Gottes Absichten bedarf, eines rezeptiven Zustandes gegenüber dem Göttlichen Willen, eines verwundenden Erlebnisses, das uns öffnet, muss es weiblicher Natur sein. Obgleich ich über das „was" und „warum" einiges ausgesagt habe, blieb die Frage nach dem „wie" offen.

Wie kommt man mit dieser femininen Seite zur Übereinstimmung, wie kultiviert man sie? Wie bringt man die innere Unfruchtbarkeit, die keinen neuen Beginn empfangen kann, zur Entwicklung, diese schulmädchenhafte Jungfräulichkeit, diese kalte alte Jungfer, diese ungeduldige Dirne? Die einfachste Antwort darauf, die verbreitetste und häufigste Art, in der es geschieht, ist: mit und durch Frauen, durch Intimität und Verkehr mit Frauen. Unglücklicherweise wird diese Feststellung naiv nach ihrem Wortlaut aufgefasst. Wenn die humane Beziehung zwischen Menschen bis zu einem gewissen Maß von der inneren Beziehung innerhalb des Menschen abhängt, dann gilt das gleiche für die Entwicklung der weiblichen Seite. Wahrhaftigkeit kann Direktheit bedeuten, aber sicherlich bedeutet „Wahrhaftigkeit gegenüber Gott", nicht Direktheit Gott gegenüber. Das wäre naiv, und ebenso naiv ist der Glaube an die direkte Methode der promiskuösen Lösung, um die Weiblichkeit der Seele zu differenzieren.

Die sexuelle Intimität und der Geschlechtsverkehr werden sehr oft zwanghaft, wenn alle anderen Formen der Intimität und des Umgangs zusammengebrochen sind. Und ähnlich wird, wenn das Interesse an der eigenen weiblichen Seite vernachlässigt wurde, wenn man nicht darum besorgt ist, aus den Zuständen und Stimmungen seiner Anima zu lernen oder sie zu ändern, die äußere Frau zum einzigen Weg des Lernens. Die Liebe kann nicht genau definiert werden; darum müssen die Gründe, warum zwei Menschen sich treffen und sich verlieben, erst noch katalogisiert werden – trotz einer ganzen Welt von

Literatur, die diesem Thema gewidmet wurde, und trotz all der psychologischen Studien, in denen ihre Details niedergelegt wurden. Aber eines ist sicher: wenn zwei Menschen zueinander hingezogen werden, gibt es einen Sturz oder einen Ruf oder einen Sog in die Vereinigung mit etwas Unbekanntem, sei es nun himmlisch oder höllisch, das durch diese Vereinigung vertraut und intim wird. Aber es gibt auch andere Wege außer dem sexuellen, um mit diesem Unbekannten vertraut und intim zu werden.

Ich habe nicht die Absicht, für oder gegen individuell determinierte sexuelle Beziehungen zu argumentieren. Diese Debatte hat für einen Psychologen wenig Substanz, denn die Menschen leben ihr Leben entsprechend ihrer eigenen, höchst dunklen und individuellen Grundvorstellungen und Überlegungen. (Außerdem ist das System der Regulierung der Beziehungen zwischen den Geschlechtern, da es der fundamentale Ausdruck für die Regulierung der Beziehungen von Gegensätzen ist, einer unendlichen Vielfalt unterworfen, von strenger und lebenslänglicher Abstinenz und Abgeschlossenheit bis zum legalisierten Inzest, Polygamie und Kinderehen, wobei jedes Modell die Rechtfertigung für fast jede Art von Verhalten bietet.)

Sehr oft sind auch die grünen Weiden einer Liebesaffäre ein Weg, der erstickenden Sterilität einer Ehe zu entgehen. Wenn wir herauszufinden versuchten, wo heute die Liebe am meisten angespannt und gequält wird, dann wäre das wohl in der modernen Ehe der Fall, als müsste – sozusagen – die Kreuzigung der Liebe, die Kreuzigung Christi, sich in unseren eigenen Heimen abspielen, in der unerträglichen Ehesituation, an die manche Menschen geschlagen sind. Die moderne Ehe trägt eine Riesenlast, ohne die Hilfe eines lebendigen Sakraments oder die Unterstützung durch die Tradition. Wenn wir uns diesem Problem zu entziehen suchen, vor der unerträglichen Agonie der Ehe, die von vielen Ratsuchenden tatsächlich als der Tod der Liebe empfunden wird, einfach die Augen schließen, dann wäre das kaum anders, als wolle man sich in

Gethsemane zur Ruhe ausstrecken, mit der Behauptung, dies sei ja ein friedlicher Garten. Es hieße, sich von dem Ort abzuwenden und zu scheiden, wo Christus als die Liebe wahrhaftig gegenwärtig ist. Die Nacht zu durchwachen, könnte tatsächlich nur zu noch mehr Schmerzen führen. Andererseits: kann Liebe nicht auf erstehen?

Wir haben die Möglichkeit, die Vereinigung der Gegensätze täglich in der Ehe zu leben und den Eros zu kultivieren. Eine gute Ehe würde eine gute Vereinigung bedeuten. Aber solch eine Vereinigung ist hauptsächlich den Paaren vorbehalten, bei denen jedes genau in die fehlenden Teile des anderen hineinpasst. Die „gute“ Ehe geht daher auf Kosten der Ganzheit des einzelnen. Die Art von Vereinigung, wie sie die gute Ehe darstellt, verhindert die Entwicklung, denn meine Partnerin hält mich davon ab, meine eigenen Lücken mit eigenem Wachstum auszufüllen. Sie ist gewohnheitsmäßig immer schon vor mir da und sie ist kompetent. In der Ehe bedeuten zwei Hälften kein Ganzes, so dass es kaum gute Ehen geben kann, bevor es nicht erst „schlechte“ gab, das heißt Ehen, wo der Fortschritt des einzelnen auf seine Ganzheit zu Bedürfnisse hervorbringt, die oft im Gegensatz zum üblichen Bild einer „guten“ Ehe stehen.

Für die Ehe als die Weihe des Mysteriums des Paares gibt es kein Handbuch. Manche ihrer Probleme, wenn auch nie das Mysterium selbst, könnten trotzdem auf das Modell des Kreuzes der Liebe verwiesen werden, von dem wir im ersten Kapitel sprachen. Oft ist die eine oder die andere Achse überladen, und eheliche Krisen haben etwas mit der Wiederangleichung der Proportionen zwischen der Liebe als aktiver Kommunikation und der Liebe als innerer Tiefe zu tun. Manchmal geschieht es, dass die Liebe als ein Seinszustand auf eben dem unfruchtbaren Acker gedeiht, wo die Liebe als Begehren ausgebrannt ist. Manchmal ist das unmöglich. Mit Sicherheit kann man nur sagen, dass die Ehe zu einem Wunder inmitten der Alltäglichkeit werden kann, wenn die Aufmerksamkeit vielleicht ein bisschen weniger einander und „unseren Eheproblemen“ zugewendet wird, und mehr den weiblichen Qualitäten innerhalb unserer selbst. Man sagt, dass die Frau zu drei Vierteln für die Ehe verantwortlich sei, was besagt, dass das Weibliche den größeren Teil der Ehe trägt. Aber das Weibliche findet sich sowohl im Mann wie in der Frau. Es ist der Anima-Verlust des Mannes und seine überkompensierte Mutter-Gebundenheit und es ist das Altern der Frau, das sie von ihrer Weiblichkeit wegführt, die das Paar zu Ehegatten und Ehefrauen eintrocknen lässt, die überall in der Welt so archetypisch ähnlich sind, hart, bitter, ohne spezifischen Geschmack, voll Sehnsucht nach den Wassern des Lebens, die jedes in einem neuen Liebeserlebnis zu finden hofft.

Es gibt aber auch noch andere Wege, Wissen über die Weiblichkeit zu erlangen und seine eigene andere Seite zu entdecken. Da diese psychologische Wahrheit heute oft verloren gegangen ist, verdient sie es, besonders betont zu werden. Die weibliche Linie ist nicht nur etwas Äußerliches; sie ist auch im Inneren vorhanden, denn nur ein geringes Überwiegen der Chromosomen macht uns zu Männern. D. H. Lawrence, dieser keusche und scheue Mann, hat die Frau für die Frauen selbst intim und gültig wiederentdeckt, ohne erst das Land in persönlicher Forschung ausplündern zu müssen. Die Entwicklung der Sensitivität und des Gefühls ist nur in einer Hinsicht sexuell und dann manchmal in letzter, nicht in erster. Hauptsächlich scheint es eine Sache des richtigen Zeitgefühls zu sein.

Merkwürdigerweise wird, wenn die Sexualität für eine Weile als Phantasie nach innen gelebt wird, dem erotischen Leben die Möglichkeit gegeben, eine Re-Mythologisierung durchzumachen. Es neigt dazu, durch sein Gebundensein durch die Psyche eine neue Weihe anzunehmen. Wenn die Hitze festgehalten wird, kann die Seele zur Phantasie entflammt werden. Und gleichzeitig verleiht die Psyche als Anima oder Seele den Hauch von Menschlichkeit. Sie schafft die weibliche Form und Gefühlsdifferenzierung und erweitert Bedürfnisse zur Liebe. Manchmal wird diese Belebung, diese neue Weihe der Sexualität durch einen kosmischen Weltschmerz eingeleitet, durch körperliche Empfindungen in der Brust, durch blaue Traumfrauen und ihre Augen, mit einer Faszination durch die Frau als solche. All diese Dinge haben den Kult der Liebesgöttin entstehen lassen und sind durch ihn, wie auch durch die Theorien des kosmogonischen Eros, der Harmonie der Sphären und der Vergeistigung und Vergöttlichung der Liebe, verfeinert worden. Der archetypische Ursprung von alledem scheint die Selbsteinschränkung des Eros zu sein, die weder ein Verbot noch eine moralische Beschränkung ist. Die Sexualität wird weder verdammt noch agiert, noch wird sie in irgend etwas anderes sublimiert. Die sexuellen Gefühle und Phantasien werden innerhalb der Person lebhaft gelebt; dann können sie sich durch ein weibliches Bild, wie Licht oder Duft, in der Welt verbreiten (daher die klassischen religiösen Symbole der „himmlischen Blume der göttlichen Liebe"). Der Liebende liebt die ganze Welt, wie die Welt ihn liebt.

Aber ist sie erst einmal durch diese höheren Bereiche neuer Weihen teilhaftig geworden, dann kehrt die Liebe nach unten, nach Hause zurück in die mittlere Region, die einfach die menschliche Psyche ist, und fordert für ihre Erfüllung etwas Menschliches. Aus der Liebe herauszufallen, heißt in die Menschlichkeit hineinfallen. Die höheren Ziele des Eros bekümmern sich, ebenso wenig wie seine niederen, überhaupt nicht um die menschliche Liebe und die menschliche Person. Die Sexualität an sich ist unpersönlich. Der sexuelle Eros ist ein brutaler Dämon oder ein geflügelter Gott, der uns aus dem Menschlichen fortreißt, es sei denn, er wäre der Seele vereint und in ihr beschlossen. Um die kosmische Heiterkeit wieder zur Erde zurückzuführen, sie menschlich und verkörperlicht werden zu lassen und damit das Irdische zu weihen, mag es eines realen anderen Menschen bedürfen oder auch nicht, aber immer wird dieser Prozess der Psychisierung Zeit beanspruchen.

Ein anderer Weg, um den Eros in sich selbst zu kultivieren, fordert, dass man dem Unbewussten gegenüber offen ist, wie wir das schon besprachen. Bin ich bereit dahin zu gehen, wo ich darauf stoße und besonders, wo ich angezogen werde – nicht nur zu diesem Menschen, sondern vor allem zu dem Bild dieses Menschen? Das ist die radikale Internalisierung des Eros: man behandelt das Äußere als wäre es das Innere, „nur ein Traum". Man lässt sich „dahingeträumt werden", behält aber innerhalb dieser Bewegungen Bewusstsein bei. Man folgt auch seinen Träumen, wandert über diese spontanen natürlichen Brücken, die jede Nacht zwischen dem Bewusstsein und der anderen Seite aufgerichtet werden. Je gespaltener wir sind und je dunkler der Abgrund zwischen Tag und Nacht, desto verlockender und verführerischer werden die Bilder sein, um uns zu verzaubern. Die Psyche verwendet die Verführerin, wenn das Ich nicht bereit ist, sich zu bewegen. Der stolze Krieger mit hartem Herzen und verschlossenem Ohr wird durch sexuelle Phantasien angerufen. Sie sind oft der einzige Weg, auf dem das Unbewusste sich Gehör verschaffen kann.

Offenheit gegenüber dem Traum bedeutet Offenheit gegenüber jedem Traum und Traumfragment und Bild. Es ist eine Bequemlichkeit des Ichs, am Morgen zu entscheiden, welche Träume brauchbar sind und welche nicht, welche man fröhlich vergessen kann und welche wichtig sind. Zu häufig dient die Entscheidung des Ichs darüber, was wichtig sei, nur dem Ich und seinen Wichtigkeiten, während es eine Hauptfunktion des Traumes ist, das Ich innerhalb der Psyche als ganzes zu relativieren. Das fühlt sich für das Ich häufig wie eine negative Demütigung an, obwohl es ebenso eine positive Bescheidung sein kann. Wird dem Ich erlaubt, unter den Träumen zu wählen, dann beginnt eine subtile Form des Selbstbetrugs, die zu Einseitigkeit und eventueller Inflation oder Depression führt. Die Energie ist nicht ausgewogen. Das Unbewusste ernst zu nehmen, heißt, dass man so viel davon anhört, als einem möglich ist, und nicht nur die Teile, die angenehm sind.

Trotz allem Ernst hängt die Assimilierung der Träume von der spielerischen Aufnahmebereitschaft für ihre Unfassbarkeit ab – wie wir das schon im Hinblick auf den Schatten besprachen. Wieder haben wir hier ein Paradoxon: eifrige Analyse der Träume, gekoppelt mit törichter Unterwerfung unter sie. Obgleich ich daran arbeiten muss, meine Träume wieder zu fassen, wird ohne die spielerische weibliche Ungerichtetheit und die geduldige weibliche Unentschiedenheit nur wenig assimiliert werden. Die Integration von Traum und Bewusstheit erfordert etwas mehr als nur Anstrengung.

Die technische Methode, durch die die innere Welt der Träume und Bilder kultiviert wird – die Internalisierung des Eros, um den Vorgang mit einem anderen Namen zu bezeichnen – lässt sich kurz in drei Phasen darstellen. Zuerst handelt es sich um eine Haltung der Bewusstheit, um alles zu akzeptieren, was kommt, dies aber nicht zu agieren. Allein vom energetischen Standpunkt aus lässt sich leicht einsehen, wie das den Bereich der seelischen Wirklichkeit vergrößern muss, da vieles hinein- und nichts herausfließt. Natürlich sind die Phantasien, die als Wünsche, Projekte und Impulse nach innen fließen, alles Antriebe zum Handeln. Es ist tatsächlich eine schwierige Aufgabe, die Phantasie von ihrer dynamischen Wurzel, ihrem Drang zum Handeln, abzutrennen. Wir neigen dazu, entweder alles zu verdrängen, weil es nicht gelebt werden kann; oder aber, wenn wir die Phantasie zulassen, möchten wir sie sofort ausleben.

Diese Methode hemmt das Ich als „Täter“. Trotzdem lässt sich das Bewusstsein erweitern, obgleich das Ich an der Verwirklichung seiner Strebungen verhindert wird. Ja, das Bewusstsein kann sogar auf Kosten des Ichs wachsen.

Hier müssen wir uns daran erinnern, *wie* das Ich wächst und sich erweitert. Es entwickelt seinen Brennpunkt von Kindheit an, indem es das diffusere Licht der allgemeinen Bewusstheit auf sich sammelt. Sein Wachstum geht auf Kosten des gesamten Seins, des Selbsts, vor sich. Einerseits verleiht diese Entwicklung dem Ich Stärke für die spezialisierte zielgerichtete Aufmerksamkeit und das Handeln. Andererseits aber raubt diese Entwicklung der Psyche als Ganzes Bewusstheit, so dass große Teile im Dunkel bleiben. (Archetypische Ich-Figuren, die zeigen, wie der Ich-Komplex oft seine Bewusstheit erlangt, sind häufig Diebe: Eva, Jakob, Prometheus.) Die fortgesetzte Intensivierung des Bewusstseins zugunsten des Ichs und durch das Ich verursacht mehr und mehr Dunkelheit, mehr und mehr Unbewusstheit anderswo. Die diffuse Bewusstheit des Zwischengebietes beschränkt sich auf die Spezifizierung des Ichs oder verfällt dem Abgrund. Wir verlieren die Fähigkeit, in der halbdunklen Welt noch etwas zu sehen, und auch die kindliche Empfänglichkeit für das Wunder geht verloren. Daher fällt im Verlauf der Ich- Entwicklung die symbolische Funktion fort, und die Welt wird entmythologisiert. Die entmythologisierte Religion spiegelt nur unser modernes Bewusstsein wieder, das sich nur auf das Ich beschränkt hat. Ein Kind zu werden und von einem Kind geleitet zu werden, heißt den Prozess der Ich-Entwicklung umzukehren, die Ich-Zentrierung des Bewusstseins aufzugeben.

Der Unterschied zwischen Bewusstsein als Reflexion und Bewusstsein als Aktion ist ebenfalls nicht einfach der Unterschied zwischen Intro- und Extroversion. Die Aktionen des Ichs können sowohl introvertiert als extrovertiert sein, denn wir können tatsächlich introvertiert Ich-aktiv sein, mit Neugierde unser inneres Leben verfolgen, zerfleischen, ausforschen. So kann auch das extrovertierte Leben reflektiv sein, wie der Narr, der die Welt durchwandert. Bei der Erweiterung des Bewusstseins, von der ich hier spreche, handelt es sich mehr um die Vertiefung der vertikalen Richtung, der inneren Beziehung zu einem selbst. Licht ist verspielt und flimmernd. Sein Ausgangspunkt kann die Welt sein oder man selbst, aber es bewegt sich auf keine Beschränkung des Ich-Brennpunkts zu. Wenn diese innere Welt der Phantasie, durch die Opferung des animalischen Zwanges des Ichs zur Aktion, zunimmt, dann entwickelt sich eine Art von umfriedetem inneren Raum, eben jener Bereich, von dem wir am Ende des zweiten Kapitels sprachen. Kurzum, die erste Phase ist die Hemmung der Ich-Aktivität um der Phantasie-Bewusstheit willen. Man fühlt sich regrediert, schwach, abhängig, unentschlossen und kindlich.

Nachdem man die Phantasie mit ihren Impulsen und ihren

Regressionen akzeptiert und zur gleichen Zeit darauf verzichtet hat, sie in der Welt auszuleben – zu agieren –, besteht die zweite Phase darin, den Phantasien Energie zurückzugeben, sie zu aktivieren, sie mit genug Libido, Interesse, Aufmerksamkeit und Liebe auszustatten, so dass sie ein spontanes Eigenleben annehmen.

Die Kultivierung der Phantasie, selbst wenn sie durch Begierde und Lust angetrieben wäre, ist vielleicht, statt einen Widerspruch zu Exodus 20, 17 und Matthäus 5, 28 darzustellen, deren exegetische Amplifizierung. Ich kann in der Tat einen Gegenstand mit Begierde betrachten, kann diese Begierde kultivieren, sie beobachten, fühlen, ihre imaginären Möglichkeiten mir über den Kopf wachsen lassen, ihr Entzücken aufrechterhalten, ohne sie in Aktion umzusetzen. Es lässt sich eine Trennung zwischen innerer und äußerer Begierde vorstellen, zwischen dem im Subjekt beschlossenen Wunsch und dem gegen das Objekt ausagierten, zwischen der linken Hand von gefühlserfüllten Bildern und Bedürfnissen und der rechten Hand der begierigen Forderungen. So sind es das rechte Auge und die rechte Hand, die beleidigen und die geopfert werden müssen (Matthäus 5,29), denn die rechte Seite ist die Seite des Handelns. Die Phantasie führt nur dann direkt zum Handeln, wenn nicht genug Raum zwischen Gedanke und Impuls liegt, wenn der innere Bereich so überfüllt ist, dass nichts auf lange festgehalten werden kann. Was ich sehe, will ich haben; was ich haben will, muss ich bekommen. Aus jedem Bedürfnis wird eine Forderung. Wenn die Phantasie durch Hinweise auf ihre Beziehung zur Außenwelt, auf Kriterien der „Realitätsprüfung“ hinsichtlich dessen, was in direkter Aktion realisiert werden kann, eingeschränkt werden soll, dann, verliert sie den Namen und das Wesen der Phantasie gänzlich. Phantasie hat direkt nichts mit der konkreten Welt zu tun. Sie ist weder im Ursprung auf diese Welt zurückzuführen, noch im Zweck auf sie ausgerichtet. Die Phantasie kann unter Umständen aus äußeren Ereignissen Anreize beziehen und dann diese Ereignisse im Geist manipulieren, aber ihr Bereich ist rein imaginär.

So sind auch die Lüste und Begierden imaginär – das heißt, sie sind psychische Dynamismen, Impulse der Seele, und wollten sie direkt in die Welt eintreten, so gäbe es einen lächerlichen Kurzschluss. Diese Impulse treten nicht so sehr deswegen auf, um als Hunger durch Handlungen gesättigt zu werden, sondern um den inneren Bereich zu schaffen, die Einsichten der Seele zu erhellen, ihr Spielmöglichkeit und Dimension zu verleihen, sie von den konkreten Beschränkungen auf das Mögliche zu befreien und damit ihren Erfahrungsumkreis zu vertiefen und zu bereichern.

Ich habe schon oben, im dritten Kapitel, davon gesprochen, dass die wirkliche Revolution in der Seele nicht an sich sexuell ist. Der menschliche Sexualtrieb ist weithin plastisch und hat durch die ganze psychologische Geschichte hindurch Energien für Bewusstseinsänderungen geliefert. Wenn man den Trend der kollektiven Ereignisse aus den individuellen Erlebnissen einzelner ablesen darf, dann wird die tiefe Veränderung, die sich jetzt vollzieht, nur von sexuellen Phantasien als psychischen Dynamismen getragen, deren Ziel letztlich eine Wiederbelebung und Ausweitung der seelischen Wirklichkeit ist. Durch das Leben nach innen, anstatt dem Agieren in der Außenwelt, wird dem inneren Leben ungeheure Triebenergie zugeführt. Lust und Begierde liefern den Antrieb, den inneren Raum zu entdecken, wie es ja auch so starker psychischer Dynamismen wie etwa Neugier, Konkurrenzstreben und *science-fiction*-Phantasie bedurfte, uns zu Mond und Mars des äußeren Raumes zu treiben.

Dass ein Mensch mit Angst und Scham auf seine eigenen Phantasien reagieren kann, beweist, dass das subjektive Erleben seiner selbst noch nicht hinlänglich von der objektiven Handlung unterschieden wird. Scham und Angst beschützen; sie halten uns davon ab, zu agieren, den phantastischen Leidenschaften der Welt gegenüber freien Lauf zu lassen. Scham und Angst verleihen außerdem der inneren Welt Überzeugungskraft und Wirklichkeit. Es handelt sich dann nicht um „bloße Phantasie" oder „Tagträume".

Das Interesse an der Phantasie ist ein Kennzeichen der meisten geistigen Disziplinen, sei es als psychologische Methode in C. G. Jungs „aktiver Imagination" oder in Techniken, wie sie die alchemistische Mystik oder christliche, hinduistische, persische und andere Texte beschreiben. Niemals aber genügt die passive Phantasie; denn sie ist ohne Ende und spinnt einen Schleier, in dem sie Bild und Handlung verwirrend mischt. Die Phase, die über die Phantasie hinausführt, ist die Imagination, die Vorstellungskraft, deren Werk es ist, Tagträume und Phantasien in szenische Innenlandschaften zu verwandeln, die man betreten kann und die von lebendigen Figuren bevölkert sind, mit denen man Gespräche führen, mit denen man mitfühlen und deren Gegenwart man spüren kann. Das wäre dann die psychologische Suche im Inneren (*insearch*). Derartige Imagination erfordert aber hohe Anstrengung. Das Werk der Umwandlung der Phantasie in Imagination ist die Grundlage der Künste. Es ist auch die Grundlage für die neuen Schritte, die wir im Leben unternehmen, denn die Visionen unserer persönlichen Zukunft tauchen zuerst als Phantasien auf. Es besteht wiederum Grund dazu, sie zu Anfang bei sich zu behalten, sie erst in ausführlichem Detail und in großangelegten Plänen sich vorzustellen (das heißt zu imaginieren) ehe wir uns entscheiden, ob wir sie in der Welt versuchen oder erst noch innerlich weiter fortsetzen wollen, ob sie „ausgelebt" oder „nach innen gelebt" werden sollten.

Die Vorstellungskraft und ihre Entwicklung ist vielleicht ein religiöses Problem, da sie nur durch den Glauben zur Wirklichkeit gelangen kann. Wie die Theologie uns lehrt, ist der Glaube ein Akt des Vertrauens, oder er ist das Vertrauen selbst als eine primäre Investition von Energie in irgend etwas, wodurch dieses Etwas „Wirklichkeit" erlangt. Das innere Leben ist blass und flüchtig (geradeso wie die äußere Welt dem Depressiven erscheint), wenn das Ich sich nicht ihm zuwendet, an es glaubt und es mit Realität begabt. Diese Investition, diese Hingabe an das innere Leben erhöht seine Bedeutung und verleiht ihm Substanz. Das Interesse, das wir ihm zuwenden, trägt bald Zinsen. Die erschreckenden Kräfte werden sanfter und lenkbarer, die innere Frau menschlicher und zuverlässiger. Sie hört auf, nur zu verführen und zu fordern; sie beginnt, uns die Welt zu enthüllen, in die sie uns hineinzieht, und berichtet sogar von sich selbst, von ihren Funktionen und Absichten. Während dieses „sie" menschlicher wird, werden die Stimmungen, denen man unterworfen ist, weniger schwierig und persönlich und werden durch einen gleichbleibenden emotionalen Unterton, einen Gefühlston, einen Saitenklang ersetzt. Dem Bewusstsein, das nicht mehr in Konflikt mit ihr liegt, steht jetzt mehr Energie zur Verfügung, was beweist, dass die bei dieser Disziplinierung verausgabte Energie in neuer Form zurückkehrt. Allerdings kann auch hier – wie bei einem physikalischen System – nicht mehr herauskommen, als hineingelegt wird. Nur hingebungsvoll gläubige Zuwendung kann die Phantasie in Vorstellungskraft verwandeln.

Diese gläubige Zuwendung zu der Welt der Vorstellungen, diese Liebe, die bloße Bilder in Gegenwärtigkeiten transformiert, ihnen lebendiges Sein verleiht, oder vielmehr das lebendige Sein enthüllt, das sie von Natur aus enthalten, ist nichts anderes als die Re-Mythologisierung, von der wir am Ende des zweiten Kapitels sprachen. Psychische Inhalte werden zu „Mächten", „Geistern", „Göttern". Man fühlt ihre Gegenwart, wie alle früheren Völker sie fühlten, die noch Seele besaßen. Diese Gegenwärtigkeiten und Mächte sind unsere modernen Gegenstücke zu früheren Götterversammlungen lebendiger Wesen, beseelter Seelenanteile, schutzverheißender Hausgötter und bedrohlicher Dämonen. Diese Wesen waren „mythisch", insofern sie Teil einer „Geschichte" oder eines psychischen Dramas waren. Die gleichen archetypischen Dramen werden auch in uns und von uns und durch uns für uns aufgeführt, wenn erst einmal dem Vorstellungs-Aspekt unseres Lebens und des Lebens selbst Aufmerksamkeit zugewendet wird. Zuwendung, Aufmerksamkeit ist die psychologische Kardinaltugend. Von ihr hängen vielleicht die anderen Kardinaltugenden ab, denn wie sollte es Glaube an, Hoffnung auf oder Liebe zu irgend etwas geben, wenn es nicht zuerst und vor allem Aufmerksamkeit empfinge.

Die Anerkennung, die wir den Bildern der Seele zollen, hat auch noch eine weitere Konsequenz. Ein neues Gefühl der Selbstvergebung und der Selbstannahme beginnt sich auszubreiten und zu kreisen. Es ist, als ob das Herz und die linke Seite ihren Herrschaftsbereich erweiterten. Die Schattenaspekte der Persönlichkeit fahren zwar fort, ihre bedrängende Rolle zu spielen, aber jetzt innerhalb einer größeren „Geschichte", innerhalb unseres eigenen Mythos, dessen, was wir sind, und was sich jetzt so anzufühlen beginnt, als wäre es eben das, wie wir sein sollten und wie wir gemeint sind. Unser Mythos wird unsere Wahrheit; unser Leben wird symbolisch und allegorisch. Selbstvergebung, Selbstannahme, Selbstliebe; mehr noch, man findet sich selbst sündig, aber nicht schuldig, dankbar für die Sünden, die man hat, und dass man nicht die der anderen hat; man liebt sein Los sogar so weitgehend, dass man sich wünscht, immer in dieser lebendigen inneren Beziehung zu seinem individuellen Lebensanteil zu stehen. Solch starke Erlebnisse religiöser Gefühle scheinen wiederum das Geschenk der Anima zu sein. Diesmal besitzt sie eine besondere Qualität, die man am besten als christlich bezeichnen kann und die sich eben erst zu offenbaren beginnt – diese *anima naturaliter christiana* –, nachdem großen Anteilen der Psyche, die vielleicht nicht christlich sind, lange sorgende Aufmerksamkeit zugewendet wurde.

Der dritte Schritt fordert keine Gegenleistung. Es handelt sich um das freie und schöpferische Auftreten der Vorstellungskraft, als ob die innere Welt, die nun zum Leben erwacht ist, spontan zu handeln begänne, aus sich selbst, ungeleitet und sogar unbeaufsichtigt vom Ich-Bewusstsein. Die innere Welt fängt nicht nur an, mehr und mehr für sich selbst zu sorgen, Krisen, die sie hervorruft, innerhalb ihrer eigenen Transformationen zu lösen, sondern sie nimmt sich auch des Menschen selbst an, seiner Ich-Sorgen und Ich-Ansprüche. Das ist die weibliche Shakti Indiens in einem höheren Zustand; es sind auch die neun Musen, die für die Kultur und die schöpferische Fähigkeit die Verantwortung tragen. Man fühlt sich gelebt durch die Imagination.

Einen weiteren Hinweis darauf, wie die innere Weiblichkeit kultiviert werden kann, geben uns die Mythenbildungen. Herkules dient dem weiblichen Prinzip. Das bedeutet, dass man sich zu Zeiten vom Mond, von der Nacht, von Reflexionen und Reaktionen, von der Eule und dem Kätzchen regieren lässt – statt von der Sonne und ihrer geraden, direkten, aufrichtig klaren Bewusstheit und ihrer naiven Aktion. Das Mondbewusstsein fluktuiert, zu manchen Zeiten ist es hell und weiß, zu anderen dunkel. Es ist periodisch, reaktiv und zeigt sich beim Menschen im Wechsel der Stimmungen und Gefühle.

Orpheus lehnte diese Welt ab, als er den Körper ablehnte. Er war ihm nur eine Falle oder ein Käfig für die Seele. Aber durch den Körper zerriss ihn seine emotionale Weiblichkeit in Stücke. Das bedeutet zum Teil, dass das Leben des Körpers ebenfalls zu den weiblichen Prinzipien gehört. Die vegetative, naturhafte Animafigur scheint – nach der analytischen Erfahrung – innig verknüpft mit dem vegetativen Nervensystem zu sein, mit seinen Stimmungen, Schwankungen und Reaktionen, mit seiner Unzugänglichkeit für die direkte Kontrolle durch den Willen, durch das dem Willen unterstehende Nervensystem.

Die Entwicklung des Körpers bedeutet nicht den Aufbau von Muskeln. Es bedeutet nicht, den Körper zu bräunen und ihn zu behandeln, als wäre er ein Gegenstand, oder ihn in Judo- oder Karatetechniken oder durch sexuelle Erfahrung wie ein trainiertes Tier zu perfektionieren. Wir können uns hier einer oft in Vergessenheit geratenen Unterscheidung zwischen Fleisch und Leib erinnern. Das Fleisch ist der geheime Gegenspieler des Ichs. Geist und Fleisch im Verein bringen die Ich-betonte Sexualität und die Pornographie hervor und führen zu dem Bilde unserer selbst als eines wohltrainierten, vitaminangereicherten Fleisches. Das Ich und der Geist schauen, bildlich, auf das Fleisch herab, so wie wir, buchstäblich, mit unseren Augen an uns herabsehen.

Der Leib andererseits kann als die physische Parallele zur Psyche angesehen werden, so wie das Fleisch die Parallele zum Geist ist. Die Geheimnisse der unbefleckten Empfängnis, der Fleischwerdung, der Wundertaten, der Kreuzigung und Auferstehung hängen alle mit der rätselhaften Beziehung von Fleisch und Leib zusammen. So auch die Probleme der psychosomatischen Medizin. Unsere heutige Symptomatik zwingt uns auf neue Weise, durch die Seele, innerlich, symbolisch, ins Fleisch einzutreten. Dadurch verwandeln wir das Nur-Organische in ein bedeutungsvolles System des Leibes, der innerhalb des Fleisches lebt. Der Leib als Ort der Phantasie kann die Fähigkeit des Fleisches weit übertreffen und kann es zum Zusammenbruch treiben, denn die Reichweite der appetitiven Möglichkeiten des Leibes ist immens. In Leibesphantasien können wir gargantuesk sein. Andererseits zeigt sich die Diskrepanz zwischen Leib und Fleisch zum Beispiel auch bei jungen gehemmten Menschen mit neurasthenischen Leiden. Das Fleisch ist in Ordnung, ist gesund und stark, aber die Phantasie des Leibes ist verkrampft. Diese Menschen sind unfähig, hinauszugehen und ihre Probleme auf den Straßen zu lösen; der Versuch, dies direkt im Fleisch zu vollziehen, führt oft zu qualvollem Versagen. Aber der Leib kann durch seine Erweckung zu inneren Stimmungen, Phantasien, weiblichen Imagines und durch diese wieder zum Lebendigsein erzogen und entflammt werden.

Bei psychosomatischen Erkrankungen scheint das Fleisch nicht durch seine eigenen physiologischen Gesetze gelenkt zu werden, sondern durch etwas noch Subtileres, das dem Bewusstsein mehr durch inneres psychologisches Verstehen als durch äußere Beobachtung zugänglich ist. Die psychosomatische Medizin ist eine glückliche Wiedergeburt der alten religiösen Lehre vom „subtilen Körper“ und den Lebensgeistern. Diese Lehre war die Grundlage der östlichen, arabischen und westlichen Psychologie und Medizin bis ins neunzehnte Jahrhundert. Sie vertrat die Vorstellung, dass die Organe und Funktionen des Fleisches den Geistern der Seele (den Lebensgeistern) dienstbar sind, ein Prinzip, das eine Vereinigung von Unvereinbarkeiten, einen „subtilen Leib" darstellte. Sowohl als ein immaterieller Geist, wie als eine körperliche Realität gleicht diese Konzeption den Paradoxen, die wir heute in den halb seelischen, halb körperlichen Erklärungen der psychosomatischen Medizin finden, die von „unbewusster Dynamik", von „emotionalem Stress" sprechen, oder auch in der Sprache, die ich hier benutzte, wenn ich von „der Imagination des Leibes" rede.

Während das Bewusstsein sich von der Identifizierung mit dem Geist und dem Ich entfernt, ausgedehnter und weiblicher in seiner Aufnahmebereitschaft und Selbst-Intimität wird, verwandelt sich das Fleisch ebenfalls in Leib-Bewusstsein. (Wir entdecken, dass wir schwieriger nur medizinisch zu behandeln sind, dass wir empfindlicher gegenüber pharmakologischen Agentien werden.) Die Leib-Bewusstheit beginnt mit der inneren Erfahrung des Fleisches, der tatsächlichen Verkörperung unserer Menschlichkeit in Wärme und Freude und Wohlgefühl und Rhythmus, und dass wir hier und jetzt gegenwärtig sind, körperlich uns selber nahe, unseren Symptomen und Empfindungen und der körperlichen Wirklichkeit anderer. Aus dem Stalle unseres eigenen verfolgten und erschöpften Fleisches, unseres eigenen abgelehnten körperlichen Selbst, eselhaft und dumpf wie ein Ochse, wird der neue Leib geboren, und dann kommen die Könige und bringen ihre Gaben.

Diesen Abstieg zum Fleische und seine Verwandlung in den Leib, diese Bewegung nach innen auf ein Geheimnis zu, das geheiligt und dem Weiblichen zugehörig ist, finden wir bei D. H. Lawrence poetisch dargestellt oder bildlich bei Rubens, wo die Faszination durch das Fleisch um des Leibes willen geschieht. Ein anderes Bild vermittelt Paulus: „Dein Leib ist ein Tempel ... so rühme Gott in deinem Leib." Dieser Weg zum Leib führt mehr durch das Unbewusste als durch das bewusste Denken, das zu oft dazu neigt, sich neben ihn zu stellen, ihn als Objekt zu betrachten, wenn auch ein kostbares – ja, sogar „mein", aber unglücklicherweise nicht das wahre „Ich", irgendwie noch immer ein „Es". Dann wird das Fleisch und sein Leben immer zwingender. Je mehr wir von ihm abgeschnitten sind, desto mehr fasziniert es uns und zieht unsere Aufmerksamkeit autoerotisch zurück auf sich. Die natürliche Anima, die braunhäutige Schwimmerin, die verspielte und katzenhafte, und die Stimmungen und Phantasien, die sie hervorbringt, führen uns hinab in animalische Wärme, körperliche Stimmungen und Empfindungen. Die verkrampften Symptome, die Sorgen über das Fleisch als Objekt und was damit passieren könnte, haben endlich eine Chance, abzufallen.

Die Sehnsucht, wieder ganz zu sein, geheilt im Fleisch und auferstanden im Leib, muss nicht durch eine äußerliche, verbotene sexuelle Vereinigung erreicht werden, obgleich ein Mann häufig das Gefühl hat, dies wäre der Weg, auf dem er wiederhergestellt, sein Körper ihm zurückgegeben werden könnte. Tatsächlich wird in der Psyche des Mannes die tiefste Intimität mit seinen eigenen körperlichen Gefühlen durch das Bild der „Schwester" ausgedrückt, mit der die äußere sexuelle Vereinigung untersagt ist. Aber als Begleitung zu diesen entscheidenden Gefühlen beharrt die Psyche auf dem Schwester-Bild. Hinter der Anziehungskraft der verbotenen Frau steht die Faszination der „Schwester." Sie nur als infantilen Inzestwunsch aufzufassen, reduziert und entstellt ihre tiefste Bedeutung. Was in der äußeren Welt verboten ist, kann für die innere eine zwingende Notwendigkeit sein. C. G. Jung sagt: „Wenn dieser Trieb (zur Ganzheit) erscheint, verkleidet er sich zunächst in die Inzestsymbolik".[13] Meine Schwester hat mit mir den gleichen Vater, die gleiche Mutter, die gleiche Erziehung gemein. Wir teilen die gleichen Geheimnisse. Sie ist von meinem Fleisch und Bein. Meine Schwester ist ich – aber weiblich. Wenn ich mich mit ihr vereinige, so dringe ich in mich selbst ein, befruchte mich selbst, denn der Inzest ist die „Vereinigung von Gleichartigem".[14] Die Schwester erweckt in mir Vertrautheit und die Vereinigung mit meinem eigenen Blut. Geradeso, wie die Distanz die sexuelle Polarität erhöht

13. C. G. Jung, Die Psychologie der Übertragung, Zürich 1946, S. 163/164.
14. Ebd., S. 91.

und meine Männlichkeit als sexuelle Mannheit konstelliert, so verleiht die Verschmelzung mit ihr mir meine weibliche Identität. Sie erweckt die ursprüngliche Imago der Ganzheit, ehe die frühen Wunden der Kindheit gut von böse, Ich vom Selbst, Leib vom Fleisch, männlich von weiblich trennten. Durch sie kann ich in Liebe mit meiner eigenen körperlichen Natur versöhnt werden. Die Schwester ist die Urliebe, die nicht länger auf die Mutter regrediert, sondern innerhalb meiner eigenen Generation sich vollzieht. Meine Schwester ist mir gleich und fühlt dasselbe mir, ihrem Bruder, gegenüber. „Wie süß ist Deine Liebe, meine Schwester, meine Braut!" „Oh dass Du mir wie ein Bruder wärst ..." „Öffne mir, meine Schwester, mein Lieb, meine Taube, meine Vollkommene ..."

Die Hinwendung zum Körper ist ähnlich der Hinwendung zum Traum. Beide bieten Wege der Entwicklung der inneren Verbindung und der Ausweitung der seelischen Realität. Ich kann mich mit dem Körper befreunden, wie mit dem Traum, und dadurch seinen Impulsen und Bedürfnissen Wert verleihen, ihnen Vertrauen und gütige Nachsicht zuwenden. Nur ein Experte kann einen Traum deuten, nur der Arzt kann in Bezug auf das Fleisch eine Diagnose stellen; aber dem Traum wie dem Körper können wir Freundschaft entgegenbringen. Sich mit dem Körper zu befreunden heißt, das körperliche Leben als einen Tempel oder ein Gefäß für etwas über den Körper Hinausgehendes grundsätzlich zu bejahen. Und diese Intimität und Vertrautheit mit dem Körper, indem wir in ihn hinunterkriechen und ihm von innen zuhorchen, ist der notwendige Gegenpol zu der Aktivierung des Unbewussten in Phantasie und Traum. Ohne die beiden zusammen, und zwar stets zusammen, verfallen wir leicht dem alten Kantschen Irrtum, die geistigen Inhalte überzubewerten, sie für den einzigen Ausdruck der Seele zu halten, die die idealistische Philosophie doch nicht erreichen kann. Immer wenn das Körperliche entwertet wird, wird etwas gegen die weibliche Seite getan. Psychologisch beobachtet, bedeutet die Inkarnation das Gefühl des Lebens im Fleisch. Die Auferstehung des Fleisches weist vom psychologischen Standpunkt aus auf die Transformation des Fleisches in den Leib hin, parallel zu der Transformation des egoistischen Willens und der Rationalität in seelische Bewusstheit. Diese Transformation bezieht sich auch auf die Reifung des Leibes innerhalb des alternden Fleisches. Selbst während man sich dem unwiderruflichen Prozess des Alterns unterwirft, schreitet man mit den Veränderungen der Reifung voran. Trotz der Hässlichkeit des Alterns fühlt man sich dankbarer und wird anmutiger, „graziöser", was (philologisch) „voll der Gnade" bedeutet, und was zugleich heißt, dass der Leib der Ort der Gnade ist. Und wiederum ist die Gnade eine weibliche Tugend[15] und wiederum hängt die Herabkunft dieser Gnade von dem vorangehenden Abstieg in die Weiblichkeit des Fleisches und seiner Erlösung als Leib ab.

Beim Dienst an der Weiblichkeit, wenn man dem Weiblichen die Herrschaft überlässt, bedarf es aber einer grundsätzlichen Warnung. Herkules diente der Omphale erst, nachdem die zwölf Arbeiten getan waren, und auch Odysseus hatte zehn Jahre im Kriege verbracht. Offensichtlich muss erst eine bestimmte männliche Position erreicht worden sein. Könnte das bedeuten, dass es zuerst ein Ich geben muss, das etwas vollbracht hat? Wenn das zutrifft, dann bedeutet das, dass man am besten schon über die Lebensmitte hinaus ist, sonst ist man sich zu wenig bewusst, hat zu wenig Stärke, und das Ich gibt seine Position zu leicht auf. Dann ist es kein Opfer, keine wirkliche Reorientierung. Dann ist es nur ein regressiver Dienst an der Mutter, von der sich zu trennen das Ziel aller Mühen und Kämpfe war.

Ich glaube nicht, dass das religiöse Moment etwas vollständig anderes ist als das, was wir in diesem Kapitel entwickelt haben oder wovon wir auf all diesen Seiten sprachen. Wohin immer wir Gottes Position verlegen, sei er der Gott in unserem Inneren oder der Gott, der absolut außen und über uns ist, oder der Gott unten am Grund des Seins, oder der Gott, der

15.(Das englische Wortspiel, das darauf beruht, dass *grace* sowohl Anmut wie Gnade bedeutet, lässt sich im Deutschen nicht wiedergeben, d. U.)

unter uns ist, wo immer sich zwei oder drei in seinem Namen versammeln, oder ob wir alle in Gott sind, und trotz unseres wütenden Tobens Ihm nie verloren sein können – wo immer wir Ihm seinen Platz anweisen, bleibt das religiöse Moment eine Erfahrung, und diese Erfahrung geht in der Seele vor sich. Vielleicht ist es weniger unsere Aufgabe, nach Ihm zu suchen und Seinen Ort zu bestimmen, als Ihm den Grund zu bereiten, so dass Er von den Höhen herabkommen kann, wie die Taube im Sturzflug, oder aus den Tiefen aufsteigen, oder durch unsere persönliche Liebe offenbart werden. Der Grund wird durch die Suche im Inneren bereitet, durch die mutige Rückgewinnung der verlorenen Gebiete der Seele, wo sie in Missbrauch und Krankheit verfallen ist. Weiter wird er dadurch bereitet, dass wir lernen, die Strähnen des Schattens zu trennen, und dass wir die Spannungen der moralischen Verwirrungen im Bewusstsein halten, so dass unsere Handlungen weniger ein Agieren als echte Akte sind. Die Persönlichkeit, die sich nicht selbst zum Inhalt hat, die in Stücke zerfällt, wenn das Ich preisgegeben wird, die kein anderes Licht hat, als jenes, das durch den Willen zusammengehalten wird, ist kaum der Boden für ein religiöses Moment. Selbst wenn Gott die Liebe ist, kann diese Liebe uns vernichten, wenn unsere Wunden aus frühen menschlichen Liebeserfahrungen nur schlecht zusammengeheftet wurden. Kann die Persönlichkeit, die nicht auf die eine oder andere Weise das Unbewusste, den Schatten und die Anima mit in ihre Rechnung einbezogen hat, ein Gefäß sein, das eine göttliche Kraft in sich fassen kann? Unterliegt sie nicht zu bereitwillig den dämonischen Unmenschlichkeiten der kollektiven äußeren Welt oder dem kollektiven Unbewussten?

Das religiöse Moment, wie es traditionellerweise dargestellt wird, ist eine lebendige, intensive Realisierung, die das Ich transzendiert und die Wahrheit offenbart. Und genau das ist es, was die Analyse anstrebt. Die Wahrheit, die hier erfahren werden kann, geht über die kausale Wahrheit unserer selbst hinaus: über die Banalitäten, wie ich so geworden bin und wer daran schuld ist und was ich jetzt tun soll. Die Analyse strebt auf die größere Wahrheit des Zusammenhangs hin, auf die Bezeugung der Unsterblichkeit, darauf, wie meine Person in den größeren Plan des Schicksals eingefügt ist. Diese Offenbarungen erleuchten, durch das Öffnen einer Türe zu meinem Gefühlsmittelpunkt, eine Ecke der Dunkelheit. Diese Wahrheit ist ebenfalls Liebe, denn sie vermittelt das Gefühl der Zugehörigkeit und der Bindung an den eigenen Grund.

Wenn der größte Schatten bei der Beratung die Liebe ist, und die Seelsorge in ihrem Schatten liegt, dann wird unsere Arbeit von der „Vervollkommnung" der Liebe abhängen. Liebe als *agape* bedeutet „empfangen", „bewillkommen", „umarmen". Vielleicht beginnt die Vervollkommnung der Liebe durch den Glauben an das Weibliche in uns und durch die Arbeit an ihm, seien wir Mann oder Frau, denn der weibliche Grund ist das umfassende Behältnis, das empfängt, hält und trägt. Es gebiert und nährt und ermutigt uns, zu glauben. Dieser Grund ruft uns freundlich heim zu uns selbst, gerade so, wie wir sind. Ich wüsste nicht, wie wir uns besser, oder wie wir uns anders für das religiöse Moment vorbereiten können, als indem wir unsere eigene unbewusste Weiblichkeit kultivieren, ihr innere Kultur verleihen. Damit das religiöse Moment uns berührt, kann zumindest der Boden innerhalb unserer individuellen Grenzen bearbeitet und aufgeschlossen werden.

Zürich und Moscia, 1965/66

Vom selben Autor:

James Hillman

Selbstmord und seelische Wandlung

In diesem Buch wird ein neuer Zugang zur Frage des Selbstmords diskutiert. Entgegen den juristischen, soziologischen, theologischen und medizinischen Einstellungen versucht Hillman den Selbstmordimpuls von innen her zu verstehen, als eine Suche nach größerer Lebensfülle.
180 Seiten, 3. Auflage, ISBN 978-3-85630-596-3

Verwandte Titel bei Daimon:

Luigi Zoja

Sehnsucht nach Wiedergeburt

Die Forschung des Mailänder Psychotherapeuten brachte die Erfahrung, dass es nur schwer möglich ist, einem Alkohol- und Drogensüchtigen zu seelischer Heilung zu verhelfen, was etwas anderes ist als eine Entziehung. Der Grund dafür ist das *religiöse* Element, das in jeder Drogensucht eine Rolle spielt, aber unbewusst bleibt. 160 Seiten, ISBN 978-3-85630-306-8

Bani Shorter

Frauen und Initiation

Die in Schottland tätige Analytikerin und Autorin verwebt in ihrem aufschlussreichen Buch weibliche Mythologie und altes religiöses Wissen mit konkreten Beispielen von Frauen aus ihrer Praxis, die sich den Weg zu mehr Eigenständigkeit erkämpfen. Zentral wird dabei das Thema der Initiation, der „Einweihung", die früher gewisse Entwicklungsabschnitte rituell markierte oder begleitete. Diese sind heute neu zu finden und zu leben. 180 Seiten, ISBN 978-3-85630-039-5

Marie-Louise von Franz

Archetypische Dimension der Seele

Seit alters her wurden menschliche Konflikt- und Krisensituationen in Märchen und Mythen bildhaft dargestellt. Sie dienen der Autorin als Spiegel für die verschiedenen Stadien, die auf dem Weg zur Selbstverwirklichung und Selbstfindung durchlaufen werden. Die reichhaltigen Beiträge bilden den 4. Band ihrer gesammelten Aufsätze.
452 Seiten, gebunden, ISBN 978-3-85630-624-3

WEITERE DEUTSCHE TITEL VON DAIMON

R. Abt / I. Bosch / V. MacKrell	- Traum und Schwangerschaft
Susan Bach	- Das Leben malt seine eigene Wahrheit
W.H. Bleek und L.C. Lloyd	- Mythen und Märchen der Buschmann-Völker
Susann Bosshard-Kälin & Elena Fischli (Hrsg.)	- Spruchreif: Frauenleben im Kanton Schwyz im 20. Jahrhundert
Heinrich-Karl Fierz	- Die Psychologie C.G. Jungs und die Psychiatrie
Marie-Louise von Franz	- Träume
	- Psyche und Materie
	- Psychotherapie
	- Archetypische Dimensionen der Seele
	- Die Visionen des Niklaus von Flüe
	- Passion der Perpetua
von Franz / Frey-Rohn / Jaffé	- Im Umkreis des Todes
Irene und Andreas Gerber	- Begegnungen mit C.G. Jung: Das Journal von Sabi Tauber (1951–1961)
Liliane Frey-Rohn	- Von Freud zu Jung
	- Nietzsche: Jenseits der Werte seiner Zeit
James Hillman	- Selbstmord und seelische Wandlung
	- Suche nach Innen
Siegmund Hurwitz	- Lilith, die erste Eva
Aniela Jaffé	- Streiflichter zu Leben und Denken C.G. Jungs Historischer Kommentar von Elena Fischli
	- Religiöser Wahn, Schwarze Magie
	- Bilder und Symbole aus E.T.A. Hoffmanns „Der Goldne Topf“
	- Mystik und Grenzen der Erkenntnis
	- Der Mythus vom Sinn
	- Parapsychologie, Individuation, Nationalsozialismus
	- Aus C.G. Jungs letzten Jahren und andere Aufsätze
	- Geistererscheinungen
C.G. Jung	- C.G. Jung im Gespräch
Hayao Kawai	- Die Frauen um Prinz Genji
	- Myôes Traumchronik
	- Harmonie im Widerspruch
Karl Kérenyi	- Neuhumanismus und Anthropologie des Griechischen Mythos
Helen M. Luke	- Sinn des Alters
Anne Maguire	- Die dunklen Begleiter der Seele
	- Vom Sinn der kranken Sinne
	- Hauterkrankungen als Botschaften der Seele
René Malamud	- Drei Aufsätze
Gitta Mallasz	- Die Antwort der Engel
	- Die Engel erlebt
	- Weltenmorgen

WEITERE DEUTSCHE TITEL VON DAIMON

- Sprung ins Unbekannte
- CD: Mein Erlebnis der Engel, 1983
- CD: Die Brücke zwischen Unten und Oben, 1985

C.A. Meier - Der Traum als Medizin
- Die Empirie des Unbewußten
- Die Bedeutung des Traumes
- Bewusstsein
- Persönlichkeit

Erich Neumann - Kunst und schöpferisches Unbewusstes

Erna Ronca - FIS, Schätzchen!

Satprem - Der kommende Atem
- Das Mental der Zellen
- Der Aufstand der Erde
- Evolution II

A. & R. Schweizer (Hrsg.) - Bausteine: Reflexionen zur Psychologie von C.G. Jung
- Die Weisheit hat ihr Haus gebaut: Psychologische Aspekte des Weiblichen

Andreas Schweizer - C.G. Jung: Briefe an Hedy Wyss 1936 – 1956

Miguel Serrano - Meine Begegnungen mit C.G. Jung und Hermann Hesse

Bani Shorter - Frauen und Initiation

Ernst Spengler - Psychotherapie und das Bild vom Menschen

Arno Stern - Der Malort

Eva Wertenschlag & Kaspar Birkhäuser - Der rote Faden
- Licht aus dem Dunkel / Light from the Darkness

Heinz Westman / Paul Tillich - Gestaltung der Erlösungsidee

Toni Wolff - Studien zu Jungs Psychologie

Luigi Zoja - Sehnsucht nach Wiedergeburt

Daimon Verlag
Hauptstrasse 85 Am Klosterplatz
8840 Einsiedeln, Schweiz
Tel.: +(41)(55) 412 22 66
Email: daimon@daimon.ch

Eine ausführliche Beschreibung der englischsprachigen Titel finden Sie auf unserer Internetseite: **www.daimon.ch**

Auslieferung Deutschland & Österreich:
Verlagsauslieferung Robert Ullrich
Zur Wallfahrtskirche 5
D-97483 Eltmann
Telefon: (09522) 30 45 80
Email: info@schachversand-ullrich.de

Vertrieb in der Schweiz:
Balmer Bücherdienst
Kobiboden 3
CH-8840 Einsiedeln
Telefon: (0848) 840 820
Email: info@ balmer-bd.ch
www.balmer-bd.ch

oder: Daimon Verlag
Email: daimon@daimon.ch

ENGLISH TITLES FROM DAIMON

Ruth Ammann - *The Enchantment of Gardens*
Susan R. Bach - *Life Paints its Own Span*
Diana Baynes Jansen - *Jung's Apprentice: A Biography of Helton Godwin Baynes*
John Beebe (Ed.) - *Terror, Violence and the Impulse to Destroy*
E.A. Bennet - *Meetings with Jung*
Kaspar Birkhäuser & Eva Birkhäuser-Wertenschlag (Eds.) - *Light from the Darkness*
Sibylle Birkhäuser-Oeri - *Mother Figures in Fairy Tales*
W.H. Bleek / L.C. Lloyd (Ed.) - *Specimens of Bushman Folklore*
Tess Castleman - *Threads, Knots, Tapestries*
- *Sacred Dream Circles*
Renate Daniel - *Taking the Fear out of the Night*
- *The Self: Quest for Meaning in a Changing World*
- *Psyche and Soma*
Eranos Yearbooks - *69 Eranos Reborn* | 70 - *Love on a Fragile Thread*
- *71 Beyond Masters*
- *72 Soul between Enchantment and Disenchantment*
- *73 The World and its Shadow*
- *74 The Age of Immediacy at the Test of Meaning*
- *75 Life, Individual, Community, and the Thought of the Absolute*
Michael Escamilla - *Bleuler, Jung, and the Schizophrenias*
Heinrich Karl Fierz - *Jungian Psychiatry*
John Fraim - *Battle of Symbols*
Liliane Frey-Rohn - *Friedrich Nietzsche, A Psychological Approach*
Marion Gallbach - *Learning from Dreams*
I. & A. Gerber (Eds.) - *Encounters with C.G. Jung. The Journal of Sabi Tauber*
Ralph Goldstein (Ed.) - *Images, Meanings & Connections: Essays in Memory of Susan Bach*
Yael Haft - *Hands: Archetypal Chirology*
Fred Gustafson - *The Black Madonna of Einsiedeln*
Daniel Hell - *Soul-Hunger: The Feeling Human Being and the Life-Sciences*
Siegmund Hurwitz - *Lilith, the first Eve*
Aniela Jaffé - *Reflections on the Life and Dreams of C.G. Jung With a Historical Commentary by Elena Fischli*
- *The Myth of Meaning*
- *Was C.G. Jung a Mystic?*
- *From the Life and Work of C.G. Jung*
- *Death Dreams and Ghosts*
C.G. Jung - *The Solar Myths and Opicinus de Canistris*
Verena Kast - *A Time to Mourn*
- *Sisyphus*
Hayao Kawai - *Dreams, Myths and Fairy Tales in Japan*
James Kirsch - *The Reluctant Prophet*
Eva Langley-Dános - *Prison on Wheels: Ravensbrück to Burgau*
Rivkah Schärf Kluger - *The Gilgamesh Epic*
Yehezkel Kluger & Nomi Kluger-Nash - *RUTH in the Light of Mythology, Legend and Kabbalah*
Paul Kugler (Ed.) - *Jungian Perspectives on Clinical Supervision*
Paul Kugler - *The Alchemy of Discourse*
Rafael López-Pedraza - *Cultural Anxiety*
- *Hermes and his Children*
Anne Maguire - *Seven Deadly Sins: The Dark Companions of the Soul*
- *Skin Disease: A Message from the Soul*
Alan McGlashan - *The Savage and Beautiful Country*
- *Gravity & Levity*
Gregory McNamee (Ed.) - *The Girl Who Made Stars: Bushman Folklore*
- *The North Wind and the Sun & Other Fables of Aesop*

ENGLISH TITLES FROM DAIMON